Dirección editorial
Isabel Ortiz

Realización Editorial y Diseño
Arga Ediciones

Texto
Jorge Montoro

Maquetación
Arga Ediciones

Dibujos
Delcarmat

Preimpresión
Miguel Ángel San Andrés

© SUSAETA EDICIONES, S.A. - Obra colectiva
C/ Campezo, 13 - 28022 Madrid
Tel.: 91 3009100 - Fax: 91 3009118
www.susaeta.com
Impreso y encuadernado en España

HISTORIAS DE CHICOS DIFERENTES Y VALIENTES

SE ATREVIERON Y CUMPLIERON SUS SUEÑOS

susaeta

ÍNDICE

Moisés (Siglo XIV a. C)

Recogido en el Nilo, Moisés vivió su infancia y juventud como un príncipe egipcio. Pero al descubrir que no era egipcio, sino hebreo, se puso al lado de su pueblo y lo liberó de la esclavitud.

El faraón había decretado que todos los primogénitos hebreos debían ser asesinados. **La madre de Moisés, para salvarlo, lo metió en una cesta embadurnada de brea por fuera y barro por dentro** para que así flotase, y se la entregó a su hija mayor Miriam, quien llevó el niño al río Nilo y **lo dejó entre unos juncos en una zona del río Nilo que sabía que era donde se bañaba Termutis**, una de las hijas del faraón.

Al llegar al río, Termutis vio al niño y, como no tenía hijos, quiso adoptarlo. Moisés fue llevado al palacio real y allí se crio como si fuese hijo de la princesa egipcia y el hermano menor del futuro faraón de Egipto. **Durante su infancia y juventud Moisés creció como un verdadero príncipe egipcio** hasta que un día, viendo la brutalidad con la que un capataz egipcio trataba a un grupo de trabajadores hebreos, peleó con él y lo mató. Moisés fue llevado ante su hermano mayor, que ya era faraón, para ser juzgado. Pensaba que por ser egipcio y de clase noble no le pasaría nada, pero **una de las sirvientas** que acompañaban a Termutis cuando recogió al niño **reveló la verdad y Moisés tuvo que huir a las montañas.**

Allí vivió, trabajando como pastor durante cuarenta años, hasta que una revelación divina le hizo ver que debía liberar a los hebreos de la esclavitud egipcia y conducirlos hasta la Tierra Prometida.

Moisés liberó a su pueblo pero no llegó a ver la Tierra Prometida, pues murió poco antes llegar, **a la edad de 120 años según las Escrituras.**

Lo sucedió Josué, que guio a su pueblo hasta Canaán, la que sería su nueva patria.

Moisés es un gran profeta para las tres religiones monoteístas del mundo: la hebrea, la cristiana y la musulmana.

Confucio (551-479 a. C.)

Fue el filósofo y pensador más influyente de la época feudal china. Predicaba que las bases de un buen gobierno residían en la seriedad, honestidad, generosidad, sinceridad y delicadeza.

Conocido como Kung el Sabio (Kung-fu-tsu), **era hijo de un comandante del ejército que falleció cuando Confucio tenía tres años**, dejando a la familia en la pobreza.

Por este motivo, desde muy pequeño fue criado del jefe del distrito donde vivía. Allí **se casó con 19 años y emprendió con su familia un viaje a lo largo de China**. Se hizo maestro y rápidamente adquirió la fama de sabio.

Su pensamiento fue introducido en Europa por **el jesuita Matteo Ricci, que fue el primero en latinizar su nombre como «Confucio»**. Su filosofía no se basaba en ideas religiosas o místicas sino que trataba de buscar sentido a la vida a partir del conocimiento de uno mismo.

Durante años, y a lo largo de sus viajes, buscó al gobernante ideal, pero cansado de no encontrar ninguno que le satisficiera, decidió volver a su aldea natal, en donde fundó una escuela para impartir sus enseñanzas.

Confucio **no dejó ningún libro escrito pero sus discípulos recopilaron sus enseñanzas en 5 libros que son considerados la esencia de la filosofía china**: El célebre *I-Ching*, o *Libro de las mutaciones*, el *Chu-King*, o *Canon de la historia*, el *Chi-King* o *Libro de la poesía*, el *Li-Ki*, *Libro de los ritos*, y los *Chun-Ching*, o *Anales de primavera y otoño*. Además, el *Lun Yu* (*Analectas*), recoge los aforismos, las anécdotas y las conversaciones que mantuvo con sus discípulos.

Hoy Confucio es considerado como **uno de los mayores pensadores de Oriente** y su pensamiento ha dado origen a una filosofía y religión, el confucianismo.

«Es posible conseguir algo luego de tres horas de pelea, pero seguro que se podrá conseguir con apenas tres palabras impregnadas de afecto».
Confucio

Sun Tzu (544-470 a. C.)

Considerado uno de los mejores estrategas de todos los tiempos, sus enseñanzas, recopiladas en el libro *El arte de la guerra* se imparten aún hoy en día en las academias militares.

Según la biografía escrita por el historiador Sima Qian, Sun Tzu nació el año 544 a. C. en el estado de Qi, integrante de los Reinos combatientes de la antigua China. Su verdadero nombre era Sun Wu. **Su familia pertenecía a la clase shi, compuesta por aristócratas que fueron despojados de sus tierras en las luchas feudales**.

Al haber nacido en el seno de una familia noble, pero empobrecida, **a Sun Tzu no le quedó más remedio que seguir la carrera militar, ofreciéndose como mercenario** a diferentes señores feudales y recorriendo con éxito distintas regiones del imperio, hasta que el rey Helu, gobernante de Wu, lo contrató como general de su ejército en 512 a. C.

De aquella experiencia sacó las ideas para escribir la obra por la que su nombre ha llegado hasta hoy, el libro de estrategia militar titulado *El arte de la guerra*. **El libro alcanzó tal importancia en China que para entrar al servicio del emperador, los oficiales debían**

«Las armas son instrumentos fatales que solamente deben ser utilizadas cuando no hay otra alternativa».

El arte de la guerra

saber sus enseñanzas de memoria. Otro tanto ocurrió en Japón, en donde el libro influyó notablemente en la formación de los míticos guerreros samuráis.

El líder chino Mao Zedong atribuyó sus victorias a las lecturas de *El arte de la Guerra*.

Las enseñanzas de Sun Tzu incluso han llegado hasta nuestros días: **en plena Guerra del Golfo,** a comienzos de la década de 1990, **los generales estadounidenses Norman Schwarzkopf y Colin Powell practicaron los principios de Sun Tzu** sobre el engaño, la velocidad y el ataque a los puntos flacos del enemigo, y con notable éxito, pues ganaron la guerra contra el ejército iraquí.

Leónidas (540-480 a. C)

Es célebre por haber salvado a su pueblo defendiendo el paso de las Termópilas ante el gran ejército del rey persa Jerjes, al que hizo frente con tan solo 300 hombres.

La infancia de Leónidas fue muy dura, como la de todos los niños espartanos de su edad. Hasta los siete años vivían con su familia, pero a partir de esa edad pasaban a depender de un «pedónomo», una especie de tutor que se encargaba de su educación, en especial en el aspecto militar.

Esto era así porque Esparta era un país pequeño y rodeado de enemigos y **a los niños espartanos se les preparaba para la guerra**. En esta especie de escuela militar pasaban por diferentes etapas y a los veinte años entraban a formar parte del ejército, en donde permanecían hasta los 60 años.

A los 20 años, Leónidas, al igual que los otros jóvenes espartanos, tuvo que pasar una dura prueba. **De noche, y armado solo de una lanza, debía «cazar» a un «ilota», un esclavo que, si lograba burlar a sus perseguidores, obtenía la libertad.** Leónidas mató al suyo y se convirtió así en

Cuando los jóvenes espartanos partían para la guerra, sus madres les entregaban un escudo diciéndoles estas palabras: «Volverás a Esparta con esto, o sobre esto», pues a los muertos se les transportaba sobre sus escudos.

un hoplita, un verdadero soldado espartano.

El destino quiso que los dos hermanos mayores de Leónidas muriesen antes que él por lo que heredó el trono a la muerte de su padre. Y aquí es donde empieza la epopeya, pues Leónidas se tuvo que enfrentar en un estrecho paso llamado de las Termópilas a Jerjes I, rey persa que invadió su reino. Los persas eran muy superiores en número **y allí perdió la vida junto a 300 de sus hombres, pero logró frenar el avance persa y salvar a la ciudad de Esparta.**

Un monumento recuerda en ese lugar su gran victoria ante un enemigo superior.

Jerjes

Leónidas

Arquímedes (287-c. 212 a. C.)

Fue un genial matemático griego que se adelantó a su tiempo como inventor de una forma personal de cálculo y de numerosos instrumentos hidráulicos y de guerra.

Arquímedes nació en Siracusa, una ciudad de Sicilia. Era primo del rey Hierón II y su padre era Fidias, un célebre astrónomo.

Desde pequeño recibió una exquisita educación gracias a los conocimientos de su padre en matemáticas, y para completarlos **su padre lo envió a Alejandría, en Egipto, que por aquel entonces era uno de los centros culturales más importantes del mundo**.

Allí, en su célebre biblioteca, Arquímedes empezó a soñar en transformar el mundo gracias a las matemáticas, pero el rey Hierón II le reclamó que volviese a la corte para hacerse cargo de las defensas de la ciudad.

Una de las más célebres anécdotas nos revela su genio. **El rey sospechaba que su joyero le había engañado** al tallar su corona y que había sustituido una parte del oro por plata. Le pidió a Arquímedes que lo demostrase sin destruirla y a él **se le ocurrió la solución mientras se bañaba en unos baños públicos**. Según

el relato, el matemático **salió a la calle desnudo mientras gritaba «¡Eureka!», que en griego significa «¡Lo he encontrado!»,** y es que había descubierto para solucionar el enigma el llamado **«principio de Arquímedes»**.

Arquímedes también ayudó a su ciudad a defenderse durante dos años del asedio de las tropas romanas gracias a inventos como **unos espejos curvos que concentraban la luz solar y quemaban las naves enemigas** o complejos sistemas de palancas, poleas y **arietes que las levantaban en el aire y destrozaban**.

Pero de nada le sirvieron sus conocimientos ante la brutalidad de un soldado romano. Según un relato, un soldado ordenó a Arquímedes que fuera al encuentro del general Marco Claudio Marcelo, pero este no le hizo caso porque estaba resolviendo un problema matemático. **Entonces, el soldado, enfurecido, lo mató con su espada, a pesar de que el general había ordenado respetar su vida admirado por su ingenio.**

Aníbal Barca (247-184 a. C.)

Gracias a su arrojo y a sus sorprendentes estrategias de guerra, Aníbal puso en jaque al más poderoso ejército de la época, el del Imperio romano.

Aníbal nació en Cartago (lo que hoy es el norte de Túnez). **Era el hijo mayor del general cartaginés Amílcar Barca. Su madre era hispana**. Durante su infancia su padre le puso un maestro espartano que le enseñó griego, la historia de Grecia y el arte de la guerra. Y no solo eso, dice la historia que **su padre Amílcar le hizo jurar que nunca pactaría con Roma y que lucharía a hierro y fuego contra ella**.

Muerto Amílcar, le sucedió su cuñado Asdrúbal, que continuó la formación militar de Aníbal y **le encargó el mando de la caballería cartaginesa con tan solo 18 años.**

Cartagineses por el sur y romanos por el norte

conquistaron la península Ibérica y llegaron a un acuerdo: al norte del Ebro gobernarían los romanos y, al sur, los cartagineses.

Asdrúbal murió asesinado por orden romana y Aníbal fue nombrado comandante en jefe del ejército cartaginés con 25 años. Dedicó todos sus esfuerzos a consolidar el poder cartaginés al sur del Ebro.

Al no respetar Roma el tratado de no agresión, Aníbal emprendió la segunda guerra púnica. **Su estrategia frente a los romanos iba desde el uso de espías hasta la promesa de libertad a los pueblos sometidos por los romanos, a fin de conseguir mercenarios**. Causó numerosas derrotas a los romanos, pero estos le derrotaron al fin en la batalla de Zama.

Aníbal huyó y se refugió en el este de Europa, en **donde trabajó como mercenario al servicio de reyes locales.** Fue traicionado por uno de ellos y prefirió quitarse la vida antes que caer prisionero.

Una de las más sorprendentes estrategias de guerra de Aníbal es el empleo de elefantes como «máquinas de guerra». Con 37 de ellos atravesó los Pirineos, pero al llegar a los Alpes, las dificultades del terreno y del clima hicieron que solo uno lograse atravesarlos.

Escipión el Africano (236-183 a. C.)

Si Aníbal había jurado odio eterno a los romanos, el romano Escipión hizo otro tanto con los cartagineses, a los que venció, de forma definitiva, en la batalla de Zama.

Su verdadero nombre era Publio Cornelio Escipión y pertenecía a una familia noble romana, la de los Escipiones. Su padre, del mismo nombre, fue cónsul romano y **aún no había cumplido los 18 años cuando acompañó a su padre a la guerra contra los cartagineses.**

Durante la segunda guerra púnica, **su padre y su tío Cneo** partieron hacia Hispania con el objetivo de acabar con las bases cartaginesas en la región, pero **fueron aniquilados por Asdrúbal Barca**, hermano de Aníbal Barca, a causa de la traición de los mercenarios celtíberos.

Escipión juró vengar la muerte de su padre y, dado que nadie quería ocupar un puesto tan peligroso, pidió dirigir las tropas a pesar de que por su edad, 24 años, no podía. **Partió entonces con el grado de general hacia Hispania al mando de dos legiones.**

En un ataque sorpresa conquistó Cartago Nova (Cartagena) y con habilidad se ganó el favor de las tribus hispanas poniéndolas en contra de los cartagineses. **Conquistó toda Hispania y regresó a Italia.**

Desde Italia y al frente de un ejército de voluntarios pasó a Sicilia y de allí a África. Entonces cumplió su palabra y el 19 de octubre de 202 a. C. **se produjo el enfrentamiento entre los ejércitos de Aníbal y Escipión en la batalla de Zama** (cerca de Túnez). Tras casi un día entero de batalla y en inferioridad numérica, el ingenio de Escipión frente a los ochenta elefantes y aproximadamente cuarenta mil cartagineses dio una gran victoria a los romanos y sus aliados.

En honor a esta victoria, Publio Cornelio Escipión tomó el apelativo con el que se ha hecho célebre: el Africano. Murió en su finca de Liternum a los 53 años.

Tras ser acusado ante el Senado de corrupción, Escipión abandonó Roma y se retiró a su casa de campo en Liternum, cerca de Nápoles, en donde se dedicó a la agricultura y a escribir sus memorias. Allí se casó y tuvo un hijo y dos hijas.

Julio César (101-44 a. C.)

Con solo 16 años, Julio César inició su carrera política en Roma, y pronto se mostraría no solo como un gran político sino como uno de los más grandes militares del Imperio romano.

En tiempos de Julio César la infancia duraba muy poco y **con tan solo 10 años fue puesto al cuidado de un ilustre maestro especialista en literatura griega y romana, Marco Antonio Gnifón, para que se ocupase de su educación.** Gracias a él y a sus dotes innatas se mostró pronto como un buen orador.

Su padre era pretor, un cargo cuya misión era impartir justicia, pero **lo verdaderamente importante para la carrera de Julio César fue el matrimonio de su tía Julia con Cayo Mario, un militar de origen plebeyo, pero muy bien situado en el ejército**. Fue él quien indicó a su sobrino, Julio César, el camino para acabar con la República romana.

Por aquel entonces Roma era un hervidero de conjuras en el que Julio César se vio atrapado, **y tuvo que huir a Asia,** pues el dictador Sila había puesto precio a su cabeza. Muerto Sila, César regresó a Roma en el año 78, pero sintiendo que aún no tenía una formación adecuada viajó a Rodas para estudiar retórica con Apolonio Molón, un brillante y renombrado maestro, que vio en él a un discípulo con excelentes cualidades innatas para la elocuencia. **En este viaje el joven César fue raptado por un grupo de piratas, por lo que su familia tuvo que pagar un rescate.** Una vez libre, César se tomó cumplida venganza pues al frente de un pequeño ejército atacó a los piratas y se quedó con todas sus posesiones.

Estas pequeñas batallas fueron el preludio de su gran gesta militar, la conquista de las Galias. **De este episodio César nos dejó testimonio escrito en *De bello gallico,*** una de las dos obras conservadas de él y con la que muchas generaciones han estudiado latín.

Con el tiempo, César llegó a ostentar todo el poder, tanto político como militar. Esto puso en su contra a los senadores, que se conjuraron contra él y lo asesinaron en las escaleras del Senado el 44 a. C. durante los *idus* de marzo (el día 15).

Atila (c. 400-453)

Al frente de un ejército de fieros jinetes dirigió el más grande imperio europeo de su tiempo, que llegaba desde Europa Central hasta el mar Negro, y desde el río Danubio hasta el mar Báltico.

Atila nació en la actual Hungría, pero sus antepasados procedían del centro de Asia, en la actual Mongolia. **Su pueblo, los hunos, eran nómadas, y a lomos de unos pequeños pero resistentes caballos llegaron hasta la frontera del poderoso Imperio romano.**

El tío de Atila era el caudillo Rugila que, sabedor de la máxima **«si quieres vencer a tu enemigo, conócelo a fondo»,** envió a Atila con tan solo 13 años a Roma, para que aprendiese no solo el latín, sino las costumbres de los romanos y, sobre todo, sus tácticas guerreras.

La conclusión que Atila sacó de este viaje fue que los romanos eran un pueblo prepotente que había caído en la decadencia. **A los 17 años volvió con los suyos y la primera misión que le encargó su tío fue que negociase la paz con los chinos** que asaltaban continuamente a sus poblados de oriente.

A la muerte de Rugila, Atila y su hermano Bleda fueron nombrados jefes de los hunos, y **a la muerte de este último Atila quedó como jefe supremo.**

Por aquel entonces el Imperio romano se había dividido en dos, el de Oriente y el de Occidente. El primero estaba al mando de Teodosio II, que prefirió pagar tributos a los hunos antes que guerrear con ellos. **Se volvió entonces Atila contra el de Occidente y con tanto éxito que llegó hasta las puertas de Roma. De no ser por la intervención del papa León I la habría destruido.**

Atila dejó Italia y regresó a su palacio más allá del Danubio, en donde murió el año 453 durante los banquetes de su boda. Una hemorragia nasal hizo que muriese ahogado en su propia sangre mientras dormía.

De *Othar*, el caballo de Atila, se decía que «donde pisaba, no volvía a crecer la hierba», en relación a la destrucción que causaban Atila y los hunos a su paso.

Saladino (1138-1193)

Considerado un héroe en el mundo islámico, fue también admirado por los cristianos, que supieron valorar su carácter noble y caballeroso con los vencidos.

Saladino nació en 1138 en Tikrit (Irak), en el seno de una respetable familia kurda originaria de Dvin, una antigua ciudad de Armenia. **Su nombre completo era Salàh ad-Din Yúsuf ibn Aiyyub, pero pronto los cristianos, para simplificar, le comenzaron a llamar Saladino.**

Según su biógrafo, al-Wahrani, el pequeño Saladino **destacaba en Matemáticas, Oratoria, Derecho y, sobre todo, las enseñanzas del Corán**, el libro sagrado de los musulmanes.

Se cree que **la toma de Jerusalén por los cruzados** en la Primera Cruzada, gran suceso social de la época, le pudo influir moralmente y **le llevaría a luchar contra los cristianos**. El motivo fue sin lugar a dudas la extrema crueldad con la que se comportaron las tropas cristianas, que pasaron a cuchillo a gran parte de la ciudad.

Saladino fue nombrado sultán de Egipto (1171-1193), donde reinstauró el sunismo, y de Siria (1174-1193). Además, unificó

Durante muchos siglos la causa de la repentina muerte de Saladino fue un misterio, pero en 2018 el investigador Stephen Gluckman concluyó que murió de fiebres tifoideas.

Oriente Próximo. En Occidente se conoce a Saladino por su papel protagonista en las Cruzadas. **En 1187 derrotó a los cristianos en la batalla de Hattin y reconquistó Jerusalén**, poniendo fin a casi nueve décadas de ocupación por parte de los cruzados. Esto dio origen a la Tercera Cruzada (1189-1192), en la que los cristianos, al mando de **Ricardo Corazón de León**, no consiguieron tomar la ciudad pero firmaron la paz con Saladino y recuperaron las plazas costeras que habían reconquistado.

Hubo aún otras cuatro cruzadas pero Saladino ya no participó en ellas, pues murió en 1193, a la edad de 55 años. Su tumba está situada junto al ala norte de la Gran Mezquita de Damasco, en la capital de Siria.

Gengis Kan (1162-1227)

Unificó a las tribus mongolas y con su ejército creó un imperio que se extendió desde Europa Oriental hasta el océano Pacífico, y desde Siberia hasta Mesopotamia, la India e Indochina.

Su bisabuelo fue Qabul Kan, **el primero de los grandes kanes mongoles**. Se crio por tanto en el seno de una familia noble, próxima a la corte en la que su padre, Yesugei, tenía un alto cargo militar.

Todo cambió **cuando Gengis Kan tenía 10 años, pues su padre murió envenenado por los tártaros**, enemigos de los smongoles. Tras la muerte de su padre y la disolución de sus tropas, Gengis Kan sufrió en su infancia la inestabilidad que se vivía en Mongolia y la impotencia de ver a sus familiares en la miseria.

De las 40.000 tiendas que llegó a tener el campamento de su padre, el joven mongol pasó a vivir en uno cuyos hombres apenas eran capaces de defender su propio ganado.

Gengis Kan no se amilanó y siendo aún casi un niño pidió ayuda a Toghrul Kan, un antiguo aliado de su padre, que le instruyó en el arte de la guerra y **financió sus expediciones contra los merkitas y otras tribus dedicadas a la rapiña que asaltaban los campamentos mongoles**.

Esto le dio fama entre las distintas tribus que, poco a poco, se fueron uniendo a su ejército.

Gengis Kan **contaba con un ejército de apenas 13.000 guerreros**, pero él los entrenó para que, a lomos de sus pequeños pero **fortísimos caballos** y con un **manejo del arco increíble**, se pudiesen enfrentar a combatientes más fuertes y numerosos.

Uno de los rasgos menos conocidos de Gengis Kan es su promoción de la mujer. Cambió las leyes para prohibir los raptos, comunes en esa época, les permitió heredar, gestionar el patrimonio familiar en ausencia del marido e, incluso, entrar a formar parte del ejército.

Conquistó con su ejército casi toda China y buena parte del resto de Asia. **A su muerte su imperio tenía una extensión del tamaño de África**; sin embargo, poco después fue dividido entre los generales de su ejército.

William Wallace (1270-1305)

Cuando toda Escocia se había sometido a la ocupación inglesa, un hombre se alzó en armas y durante años puso en jaque a las fuerzas invasoras, hasta que fue apresado y ejecutado.

William Wallace pertenecía a una familia localmente influyente, ya que **su padre era un pequeño terrateniente y su madre era hija del sheriff del condado de Ayr**. Pero Wallace no era el primogénito, lo que le obligaba a buscarse un futuro fuera de la casa paterna.

Por este motivo, **con poco más de 15 años marchó al condado de Stirling,** a casa de un tío suyo que ejercía de clérigo, **se supone que para seguir la carrera eclesiástica**.

Allí, entre lecturas de los clásicos latinos, Wallace adquirió un sentido de la libertad que chocaba con **el sufrimiento que padecían los escoceses a manos de las tropas inglesas**.

Por aquel entonces el rey inglés Eduardo I exigió a los escoceses que se uniesen a él en su guerra contra Francia, pero el rey escocés, Balliol, se negó. **Eduardo I respondió con una expedición de castigo contra Escocia** en 1296, en la que **capturó a Balliol** y lo humilló, despojándolo

en público de sus insignias, tras **lo que lo trasladó preso a Londres**. Además **de ocupar el país y mandar funcionarios ingleses para gobernarlo,** se llevó a Inglaterra la Piedra del Destino, la Piedra de Scone, asociada a la ceremonia de coronación de los reyes escoceses.

Wallace había jurado lealtad a Balliol, por lo que se negó a someterse a Eduardo I, e **inició una guerra de guerrillas** contra los ingleses que culminó con la derrota de estos en la célebre batalla del puente de Stirling.

Los ingleses reaccionaron y **capturaron a Wallace, que fue conducido a Londres, donde murió ahorcado y descuartizado**. Hoy Wallace es un héroe nacional.

El rebelde escocés se hizo muy popular gracias a la película *Braveheart* dirigida y protagonizada por el actor Mel Gibson.

Cristóbal Colón (1451-1506)

En 1492 la historia del mundo cambió para siempre. La expedición liderada por Cristóbal Colón alcanzó la costa americana y comenzó la colonización de un continente que ya no volvería a ser el mismo.

El año de 1451 nació en Génova (Italia) Cristóbal Colón, hijo del cardador de lana Domenico Colombo y de Susana Fontanarossa. Su familia era de tradición tejedora y mantenía un taller en la parte baja de la ciudad. **Desde muy joven, Cristóbal demostró que no tenía intención de mantenerse ligado a los oficios manuales y comenzó a probar suerte en el mar.**

Con **19 años recorrió el Mediterráneo**, Pasó luego al **Atlántico**, llegando hasta **Inglaterra** e **Islandia,** y terminó en **Portugal**.

En este último país se casó a los 28 años con la hija del gobernador de Madeira. De esta unión nació su hijo Diego. **Desde Madeira llegó a conocer las factorías portuguesas en las costas de África.** Con todo este bagaje **trazó su proyecto de alcanzar las Indias por el oeste**. La etapa portuguesa de Colón culminó en 1485, cuando su proyecto fue rechazado por una comisión designada por el rey Juan II, hecho que coincidió con

A pesar de haber descubierto para la Corona Española todo un continente, a la vuelta de su cuarto viaje Colón se lamentaba en Sevilla a su hijo Diego: «Poco me han aprovechado veinte años de servicio, pues no tengo techo que me cubra».

la muerte de su esposa. Decidió trasladarse a España junto a su hijo.

En España la Corona, al frente de la cual estaban los reyes **Isabel y Fernando** decide financiar su viaje a las Indias y **el 12 de octubre de 1492, tras un viaje de dos meses y nueve días tocó tierra en la isla de La Española**, reclamando los nuevos territorios para la Corona Española. Sin embargo, Colón no se quedó en este nuevo mundo, sino que tomó la decisión de **volver a España para demostrarle a la Corona que había encontrado nuevas tierras**, para luego realizar tres viajes más, En ellos descubrió las **islas de Guadalupe, Jamaica** y **Puerto Rico,** y tocó el continente en las costas de **Panamá** y **Venezuela**. Murió en Valladolid a la edad de 54 años.

Leonardo de Vinci (1452-1519)

Fue pintor, escultor, ingeniero, inventor, arquitecto, urbanista, botánico, músico, anatomista, cocinero, filósofo, humanista, naturalista, caricaturista…, es decir, un hombre del Renacimiento.

Su padre, Piero Fruosino di Antonio, era noble y embajador de la República de Florencia. Contrajo matrimonio con Albiera, una rica heredera florentina, pero **Leonardo no nació de esta unión sino de otra fuera del matrimonio.** Por este motivo Leonardo no podía heredar de su padre, pero él se encargó de que su hijo tuviese una educación esmerada, propia de un noble del Renacimiento.

Para sacar partido de sus cualidades artísticas **envió a Leonardo a Florencia**, a trabajar como ayudante **en el taller** de un famoso pintor de la época, **Andrea Verrocchio**. Orfebre, herrero, escultor y pintor. Verrocchio trabajaba para la familia Médici y en su taller, Leonardo aprendió las principales técnicas.

Tras seis años como aprendiz, Leonardo montó su propio taller en Florencia. **En esta época, pintó su primer cuadro:** *Virgen del clavel* (1476) y también empezó a interesarse por la anatomía humana.

Sus ganas de saber le llevaron también a interesarse por la arquitectura, la mecánica, la filosofía, la zoología y un sinfín de materias. **Estudió el vuelo de las aves y diseñó máquinas de guerra**. En Venecia trabajó como ingeniero militar. Su tarea fue la de crear **sistemas defensivos para proteger la ciudad** de los canales de los ataques de los turcos. Y todo ello, lo que había ejecutado y lo que simplemente había soñado, lo dejó por escrito en numerosos **cuadernos llenos de fascinantes dibujos**.

Durante su vida Leonardo pasó de una corte a otra ofreciendo sus servicios a reyes y nobles. Terminó sus días en Francia, en la corte de Francisco I. Allí, **en la localidad de Cloux, falleció el 2 de mayo de 1519**, a los 67 años.

Salvator Mundi, de Leonardo da Vinci, es la pintura más cara que se haya vendido hasta el momento, con un valor de 450 millones de dólares. Se vendió en noviembre de 2017.

Moctezuma (1466-1520)

Influido por las leyendas que vaticinaban el regreso del dios de la sabiduría Quetzalcóatl, «la serpiente emplumada», no acertó a comprender que su escasa resistencia a los españoles sería su fin.

Aunque era hijo del emperador Axayácatl, no pudo librarse de la dura infancia que sufrían los niños aztecas. **A partir de los 8 o 9 años, los niños pertenecientes a la nobleza entraban a vivir en el calmécac, que funcionaba como un internado**. En esa escuela se les entrenaba para ser sacerdotes, guerreros, senadores, maestros o gobernantes y se les educaba en historia, religión, astronomía, música, filosofía y economía. Todo ello a base de una dura disciplina y con fuertes castigos por parte de sus maestros.

Moctezuma se inclinó por el sacerdocio, llegando a ser gran sacerdote. Al morir su padre, su tío Ahuizotl tomó el gobierno, pero falleció en una gran inundación, de modo que en 1502 se vio dirigiendo un vasto imperio. La capital era Tenochtitlan (actual Ciudad de México). Esta gran urbe, fundada hacia 1325 por los aztecas sobre un lago, **contaba en 1519 con** una población de unos 100.000 habitantes.

Moctezuma gobernó con mano de hierro y sometió a los pueblos vecinos, a los que obligaba a pagar tributos y ofrecer esclavos para sacrificar a los dioses.

Todo esto cambió cuando la expedición de Hernán Cortés desembarcó en sus costas en 1519. **Moctezuma no dudó en identificar al conquistador con el dios Quetzalcóatl**, lo recibió solemnemente en Tenochtitlan y lo colmó de valiosos presentes.

Pero **Cortés** se alió con los pueblos que Moctezuma había sometido y, a sangre y fuego, **tomó Tenochtitlan, no sin antes sufrir gran número de bajas** por la fiera resistencia que mostraron los guerreros aztecas. Tras Tenochtitlan caería todo México.

Hay dos versiones sobre su muerte. La primera asegura que, despreciado por su pueblo, murió apedreado al interceder por los españoles cercados en la ciudad de México. Otra señala que murió a manos de estos cuando vieron que ya no les era de utilidad.

Nicolás Copérnico (1473-1543)

Al complejo sistema que intentaba explicar que la Tierra, inmóvil, era el centro del universo, Copérnico contrapuso la idea de que era el Sol y no la Tierra el centro de la bóveda celeste.

Fue el más joven de los cuatro hijos de Nicolás Kopernik, un comerciante de Cracovia, y Bárbara Watzenrode, también hija de otro rico comerciante polaco. **Gracias al apoyo de su tío, el obispo Ukasz Watzenrode, Copérnico pudo estudiar en las mejores universidades.**

Copérnico realizó todos sus complejos cálculos y sus detalladas observaciones empleando solo tres sencillos instrumento que ya había empleado Ptolomeo 1500 años antes: la esfera armilar, el triquetrum y el cuadrante.

Fue así como cursó estudios de Matemáticas en Cracovia y Derecho y Medicina en Italia. **Copérnico hablaba latín y alemán con fluidez, además de griego e italiano.** A lo largo de su vida se convertiría en **matemático, astrónomo, jurista, físico, clérigo católico, gobernador, administrador, líder militar, diplomático y economista.**

En 1501, regresó a su patria y **fue nombrado canónigo en la Catedral de Frauenburg**. Residió en el palacio episcopal de su tío en Lidzbark Warminski de 1503 a 1510 trabajando en la administración de la diócesis.

Pero su verdadera pasión era la astronomía y, en ese campo luchó por erradicar la idea de que la Tierra era el centro del universo.

Para ello estableció su teoría que demostraba que la Tierra giraba sobre sí misma una vez al día, y que una vez al año daba una vuelta completa alrededor del Sol. También propuso un nuevo orden de alineación de los planetas según sus periodos de rotación, pues había observado que cuanto mayor era el radio de la órbita de un planeta, más tiempo tardaba en dar una vuelta completa alrededor del Sol.

Por sus ideas fue perseguido por la Iglesia Católica y sus trabajos ingresaron en el Índice de libros prohibidos, en donde estuvieron hasta el año 1882.

Miguel Ángel (1475-1564)

Alcanzó toda su gloria como artista con sus grandes creaciones: los frescos de la Capilla Sixtina, las esculturas de personajes bíblicos como David, Moisés y o su maravillosa «Piedad».

Michelangelo Buonarroti nació en el seno de una antigua familia de mercaderes y banqueros de Florencia. **Su padre era un funcionario con una posición acomodada en la ciudad y quiso que su hijo le sucediese en el negocio.**

Contra este deseo de su padre, y desde muy joven, Miguel Ángel se inclinó por la carrera artística y a los 13 años **un amigo de la familia lo llevó al taller de Domenico Ghirlandaio**, para que se iniciara en las diversas técnicas de la pintura, entre ellas la del fresco, que más tarde aplicaría con excepcional maestría en la capilla Sixtina.

En 1489, con tan solo 14 años, Lorenzo de Médici, gran mecenas de las artes, lo invitó a vivir y a formarse en su palacio. **La corte de Lorenzo el Magnífico estaba compuesta por los más famosos poetas, filósofos y artistas de la época, y se convirtió para Miguel Ángel en su gran fuente de aprendizaje.**

En el palacio ducal, Buonarroti pudo estudiar de primera mano las obras de los grandes artistas que los Médici habían atesorado a lo largo de decenios. **Fue también allí, y de la mano de Bertoldo di Giovanni, un anciano discípulo de Donatello, donde tomó contacto con la escultura**, que desde entonces consideraría un arte «superior».

Pero fue en Roma, al amparo de la corte papal, en donde Miguel Ángel realizó sus más bellas obras, destacando sobre todas los frescos de la **Capilla Sixtina**, hoy considerados una obra cumbre del arte occidental. Esculpió también el **Moisés**, el **David** y la maravillosa **Piedad del Vaticano**,

Su virtuosismo artístico era tal que se cuenta que una estatua suya fue vendida al cardenal Raffaele Riario haciéndola pasar por antigua. El engaño fue pronto descubierto, pero el cardenal, lejos de indignarse, se convirtió en mecenas del joven artista.

Fernando de Magallanes (1480-1521)

Fernando tenía 8 años cuando una mañana de 1488 vio desembarcar en el puerto de Lisboa las carabelas de Bartolomé Díaz que, cargado de mercancías, regresaba de explorar las costas africanas.

Junto a exóticos productos, Díaz traía a **varios fornidos negros que con su oscura piel y sus blancos dientes impresionaron vivamente al pequeño Fernando**. Este hecho fue crucial pues, desde ese día, Fernando se propuso ser también navegante y explorar todos los mares del mundo.

Magallanes nació en el seno de una adinerada familia lisboeta, por lo que en su juventud **pudo seguir sus sueños infantiles de descubrir nuevas tierras. Estudió náutica y cartografía en Lisboa**. A los veinticinco años formó parte de una expedición a la India mandada por Francisco de Almeida. Por aquel entonces **Magallanes pensaba que al sur del continente americano tenía que haber un paso similar al cabo de Buena Esperanza** que le llevase hasta la India.

Presentó su proposición al rey de Portugal, pero este no le dio valor. Entonces, **Magallanes, como años antes había hecho Colón, le presentó sus planes al rey español Carlos V**. Para la Corona española la posibilidad de encontrar una ruta alternativa

> Hoy, el estrecho de Magallanes, que comunica el océano Atlántico y el Pacífico, lleva su nombre, pero él lo bautizó como estrecho de Todos los Santos y de las once mil Vírgenes.

para llegar a Oriente era muy importante ya que **la costa africana estaba bajo el control de su principal rival en el comercio de especias, Portugal**.

Carlos V **puso a su disposición cinco naves con una tripulación de 270 hombres** y fue nombrado gobernador de las tierras que pudiera descubrir.

Tras múltiples penalidades y rebeliones, Magallanes encontró al fin el deseado paso hacia Oriente, pero no pudo ver cumplido su sueño de regresar a España dando la vuelta al mundo pues **murió en Filipinas de un flechazo indígena**. Su sucesor al frente de la expedición, **Juan Sebastián Elcano**, junto con otros **17 supervivientes**, logró llegar a Sanlúcar de Barrameda el 6 de septiembre de 1522, completando la primera vuelta al mundo.

Miguel de Cervantes (1547-1616)

Fue el autor de la que está considerada como una de las mejores novelas de la historia de la literatura, *El Quijote*. Se han vendido unos 400 millones de libros en todo el mundo en más de 50 idiomas.

Miguel nació en Alcalá de Henares un 29 de septiembre de 1547. Fue el cuarto hijo del matrimonio de Rodrigo de Cervantes Saavedra y Leonor de Cortinas. **Su padre, acuciado por las deudas, tuvo que abandonar Alcalá, y la familia se mudó a Valladolid.** En 1553 se asentó en Córdoba y dos años más tarde, en esa ciudad, Miguel ingresó en el colegio de los jesuitas.

El pequeño **Cervantes era un gran lector, y se las ingeniaba para colarse en los corrales de comedias**, teatros de la época en los que se representaban las obras de Lope de Rueda y otros autores.

Tras un breve paso por Italia al servicio del nuncio apostólico, **Cervantes ingresó en el ejército y participó como soldado en la batalla de Lepanto, en donde un arcabuzazo le hizo perder la movilidad de la mano izquierda.**

Tras restablecerse, aún pasó 5 años más peleando contra los turcos y a su regreso a España **cayó prisionero** de piratas berberiscos y llevado a Argel, donde estuvo casi cinco años, hasta que una orden religiosa pagó su rescate. **Esta experiencia le sirvió de inspiración para escribir algunas de su novelas.**

Fue también en la cárcel, a la que llegó por perder parte de los impuestos que recaudaba para el rey, donde escribió la primera parte de su obra cumbre, ***Don Quijote de la Mancha,*** publicada en 1605. En 1615 se publicó la segunda parte.

Esta obra ha deleitado a distintas generaciones, y cada una ha visto en ella distintas facetas: una parodia de las novelas de caballerías, una novela de humor o una reflexión sobre el ser humano.

William Shakespeare (1564-1616)

El dramaturgo y poeta inglés es uno de los grandes iconos de la literatura universal. Obras como *Hamlet* o *Romeo y Julieta* lo han convertido en un autor mundialmente conocido.

Shakespeare nació en **Stratford-upon-Avon, y aprendió en su escuela a leer y escribir, además de latín**. Aunque era una humilde escuela de pueblo, le proporcionó una sólida educación que se reflejaría en su obra.

En noviembre de 1582, **a los 18 años, contrajo matrimonio con Anne Hathaway, de 26**. Con ella, el dramaturgo tuvo tres hijos: Susanna y los mellizos Judith y Hamnet. Este último murió a los once años.

La leyenda dice que tuvo que dejar su pueblo porque fue acusado de haber matado de forma furtiva un ciervo, algo que se pagaba con la cárcel o la horca. Ya en Londres

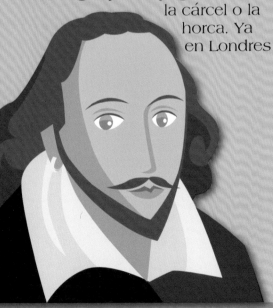

comenzó su carrera literaria a la vez que se convertía en un **empresario teatral** y ambas cosas le proporcionaron considerables beneficios.

Él mismo escribía el libreto de las obras que se representaban, entre otros, en su teatro, **The Globe**.

Aunque escribió magníficos sonetos, alcanzó fama universal por sus obras de teatro. Como dramaturgo, **Shakespeare escribió dieciséis comedias, once tragedias (entre ellas títulos tan conocidos como *Romeo y Julieta, Otelo, Hamlet, Macbeth* o *El rey Lear*) y otros diez dramas históricos**. Antes del año 1600 se fecha una de sus comedias más famosas: *El sueño de una noche de verano*.

En 1623, a título póstumo, dos actores de su compañía reunieron la mayor parte de sus obras en un solo volumen: **First Folio**. Este libro dividió en Comedias, Tragedias e Historias todas sus obras como dramaturgo.

Aunque se celebra el mismo día, 23 de abril de 1616, la muerte de ambos, en realidad esa fecha correspondía en la Inglaterra de la época al 3 de mayo.

Galileo Galilei (1564-1642)

Tuvieron que pasar 359 años, 4 meses y 9 días para que el papa Juan Pablo II pidiese perdón por la injusta sentencia de la Inquisición y rehabilitara al gran filósofo y matemático de Pisa.

Galileo Galilei nació en Pisa (Italia) el 15 de febrero de 1564. Su familia pertenecía a la nobleza florentina, pero las dificultades económicas habían decrecido la fortuna familiar, por lo que **recibió su primera educación en casa, a cargo de su propio padre**. Vincenzo Galilei era mercader de telas, compositor musical profesional, tañedor de laúd y autor de libros sobre música.

A la edad de 10 años sus padres tuvieron que abandonar Pisa camino de Florencia y **dejaron a Galileo a cargo de un vecino,** al que estipularon pagar una cantidad por su cuidado. Nada más salir de la ciudad, el vecino ingresó a Galileo en el monasterio de Santa María de Vallombrosa, en Florencia. **Esto en realidad fue una suerte para el pequeño Galileo porque allí aprendió latín, griego, filosofía y lógica**.

Influido por el ambiente religioso, Galileo quería hacerse monje, algo muy lejos de las expectativas que guardaba su padre para él. Una providencial infección en los ojos hizo que su padre lo fuera a visitar y, enterado de sus intenciones, lo sacó del monasterio cuando contaba 15 años. **Dos años más tarde entró en la Universidad de Pisa, donde siguió cursos de Medicina, Matemáticas y Filosofía**.

También se interesaba por la óptica y **él mismo se fabricó varios telescopios a partir de 1609,** con los que **descubrió los satélites de Júpiter,** los **anillos de Saturno** y **la naturaleza de la Vía Láctea**.

Al afirmar como Copérnico que la Tierra no es el centro del universo, sino que lo es el Sol, **fue juzgado por la Inquisición en 1633**, que lo obligó a retractarse de su apoyo a Copérnico, cosa que, como es tristemente célebre, hizo para salvarse de la cárcel, o tal vez de la muerte.

A Galileo le debemos numerosos inventos. El más conocido es el termoscopio, antecesor del termómetro y primer aparato de la historia que permitió comparar de manera objetiva el nivel de calor y de frío.

Isaac Newton (1643-1727)

Uno de los mayores científicos que ha dado la humanidad. Descubrió la gravitación universal e inició sus trabajos sobre la naturaleza de la luz durante sus paseos por el campo.

Newton nació con tan poco peso y era tan pequeño que nadie daba un euro por su vida. Pero **contra todo pronóstico logró sobrevivir y ya desde la infancia dio claros signos de su ingenio e inteligencia,** pues mientras los demás niños se dedicaban a jugar, él construía objetos de madera, sobre todo maquetas. Incluso reprodujo en una maqueta un molino de viento que funcionó a la perfección al colocarlo sobre el tejado.

También en su infancia, Newton **fabricó una original linterna con la que iluminar su camino al colegio** en las oscuras mañanas de invierno. Era de papel y se plegaba de tal forma que cuando llegaba a clase podía guardarla en su bolsillo.

Cuando Voltaire, que estaba de visita en Londres, vio el funeral dedicado a Newton en la abadía de Westminster, exclamó maravillado: «Inglaterra honra a un matemático de la misma manera que los súbditos de otras naciones honran a un rey».

No llegó a conocer a su padre, pues murió antes de nacer él y su madre volvió a casarse poco tiempo después. **Su padrastro no quería hacerse cargo de un niño de tres años y lo envió a casa de su abuela.** Allí estuvo hasta que su madre volvió a enviudar. Estos abandonos traumatizaron gravemente a Newton tal como podemos leer en sus escritos.

A los dieciocho años ingresó en la Universidad de Cambridge para continuar sus estudios. **Fue allí donde realizó los trabajos por los que se le considera el mejor científico de todos los tiempos.** En sus *Principia* describió la **ley de la gravitación universal** y estableció las bases de la mecánica clásica mediante las leyes que llevan su nombre. Entre sus otros descubrimientos científicos **destacan también los trabajos sobre la naturaleza de la luz y la óptica**, y el desarrollo del cálculo infinitesimal. También logró suprimir las falsificaciones y estabilizar la moneda, evitando la crisis que existía por esa época en el país.

Antonio Vivaldi (1678-1741)

Cuando el Cardenal lo excusó de oficiar más misas a causa del asma, Vivaldi consiguió un trabajo como director musical en una escuela para niñas huérfanas y ahí empezó su fama como compositor.

Cuenta la leyenda que Vivaldi vino al mundo en Venecia durante un terremoto y que **su madre prometió que si se salvaban, el pequeño Antonio se dedicaría al sacerdocio.**

Así seria y, de hecho, a Vivaldi **se le conocía con el sobrenombre de «Il prete rosso» («El cura rojo») porque era pelirrojo.** Pero antes de eso Vivaldi recibió de su padre una sólida educación musical. Giovanni Battista Vivaldi era violinista profesional y lo acompañó en numerosos conciertos por toda Venecia.

En 1693, a la edad de quince años, Vivaldi **ingresó en el seminario, y tomó los hábitos el 23 de marzo de 1703**, a los veinticinco años. Pero apenas ejerció como sacerdote pues el asma le producía tales ahogos que en varias ocasiones tuvo que abandonar la misa.

Gracias a la intervención del obispo, Vivaldi **fue contratado como profesor de violín en el Ospedale della Pietà**, un famoso hospicio de Venecia. Y sería allí, entre clase y clase y en sus horas libres **a lo largo de 30 años cuando Vivaldi escribiría cerca de 770 obras, entre las cuales se cuentan más de 400 conciertos, unas 46 óperas** y varios conciertos de música sacra.

Tal vez su trabajo más famoso sean *Las cuatro estaciones,* una serie de cuatro conciertos para violín y orquesta que tuvo una gran influencia en compositores posteriores.

Hacia el final de su vida los gustos musicales habían cambiado y **Vivaldi viajó a Viena para buscar la protección del emperador Carlos VI, pero tras morir este, quedó en desamparo** y murió de una infección en julio de 1741.

A su muerte, sus obras cayeron en el olvido, pero gracias a la admiración que por él había sentido Bach y a que este había transcrito varias de su obras, los estudiosos descubrieron la existencia de Vivaldi y pudieron rescatar toda su obra.

Amaro Pargo (1678-1747)

Hubo una época en la que ser corsario fue un trabajo considerado noble, y Amaro Pargo fue uno de los mejores. Este personaje de leyenda es digno de protagonizar películas de piratas.

Amaro Rodríguez-Felipe y Tejera Machado, más popularmente conocido como Amaro Pargo nació en la isla de Tenerife, en concreto en la ciudad de La Laguna, en el seno de una adinerada familia.

Su padre poseía numerosas tierras al norte de la isla, principalmente viñedos, y **desde muy joven Amaro se interesó por el comercio, exportando el famoso vino de malvasía que producían sus tierras** e importando materias primas de los países americanos, principalmente Cuba.

Pero por esa época el océano Atlántico era un lugar muy peligroso y frecuentemente **las naves de Amaro Pargo y su familia eran atacadas por piratas y corsarios ingleses y franceses,** perdiéndose todas las mercancías.

La **diferencia entre un pirata y un corsario** era que el primero atacaba en su propio beneficio económico, mientras que los corsarios navegaban y rapiñaban bajo la protección de un país.

A su muerte, Amaro Pargo dejó una gran fortuna que repartió en herencia entre sus allegados, pero la leyenda dice que había otra parte escondida cerca de su casa en El Rosario, lo ha provocado que numerosas personas se hayan dedicado a buscar este tesoro.

Amaro Pargo se dirigió entonces al rey de España, Felipe V, para solicitar una patente de corso y poder atacar así a las naves enemigas de la corona española y defender a sus navíos. Por estos hechos el rey le nombró «señor de soga y cuchillo», una institución medieval.

Desde El clavel, la nave favorita de Amaro, armada con 24 piezas de artillería, Amaro hundió o capturó numerosos barcos enemigos.

Estos botines y sus negocios con las Indias, así como el desgraciado comercio de la trata de esclavos, **le hicieron enormemente rico.** Amaro murió en La Laguna (Tenerife) el 14 de octubre de 1747.

W. Amadeus Mozart (1756-1791)

Pocos músicos han mostrado una precocidad tan grande como Mozart que, con apenas 3 años, tocaba de oído melodías al piano y con 8 años escribió su primera sinfonía.

Hoy diríamos de él que era un «niño prodigio» y, si repasamos su biografía, veremos que comenzó su carrera musical profesional con tan solo 5 años, tocando junto a su hermana Nannerl en las más prestigiosas cortes de Europa.

Compuso su primera sinfonía a los 8 años y su primera ópera completa a los 14. **Además, 33 de sus 68 sinfonías las escribió entre los 8 y los 19 años.**

A pesar de todo, la infancia de Mozart no debió de ser fácil, pues **tanto él como su hermana Nannerl, cuatro años mayor que él, peregrinaron por toda Europa arrastrados por su padre,** que obtenía buenos beneficios de los conciertos de violín y piano que daban por las cortes y casas nobles de todo el continente.

A través de sus escritos hemos sabido que **padecía el síndrome de Tourette,** un trastorno que causa comportamientos compulsivos y obsesivos que se manifiestan por la incapacidad para comportarse adecuadamente en sociedad y cuya manifestación más llamativa son los tics o incluso proferir insultos de forma involuntaria.

Esta enfermedad no le impidió alcanzar la fama y que su talento fuese reconocido y admirado ya en vida. **A Mozart se le atribuyen 621 obras (600 de ellas completas),** que incluyen 68 sinfonías, 36 sonatas para violín, 27 conciertos para piano, 26 sonatas para piano, 23 cuartetos de cuerda, 6 quintetos de cuerda, etc. Algo increíble teniendo en cuenta que falleció a los 35 años.

En el momento de su fallecimiento estaba componiendo una de sus obras más famosas, la *Misa de Réquiem.* **Los motivos de su muerte no están aún claros.** Hay quienes especulan que murió víctima del envenenamiento por mercurio a manos de su gran rival, el músico Salieri, un compositor al que la fama de Mozart había eclipsado en parte, pero todo apunta a que falleció a causa de unas **fiebres reumáticas.** Por indicación de su esposa **sus alumnos más aventajados finalizaron su obra.**

Napoleón Bonaparte (1769-1821)

Se le considera uno de los mejores estrategas de la historia junto a otros militares de la talla de Julio César, Guillermo el Conquistador o Alejandro Magno.

Nació en Córcega tan solo un año después de que Francia comprase la isla a la República de Génova. **Su familia formaba parte de la aristocracia local y al nacer le dieron el nombre corso de Nabulione que, años más tarde afrancesaría al de Napoleón**.

Su padre era abogado y al poco de pasar Córcega a ser territorio francés fue llamado a París, a la corte de Luis XVI, como representante de la isla. Por ello **fue su madre, María Letizia Remolino, la encargada de su educación y la de sus hermanos.**

Cuentan que el pequeño **Napoleón era un niño huraño y taciturno, poco aficionado a los juegos infantiles** y no demasiado buen estudiante, pues solo le apasionaban las matemáticas y leer biografías de grandes hombres.

Cuando Napoleón contaba 10 años, su padre, Carlo Buonaparte, les reclamó a él y a su hermano José a la corte parisina **y allí ingresaron en la escuela militar francesa de**

Se ha especulado mucho del por qué de su conocida pose con la mano en el pecho dándose mil justificaciones peregrinas. La realidad es que venía motivada por su exquisita educación y con la que denotaba su estatus social.

Brienne-le-Château en donde se graduó en 1784. Su primera intención fue hacerse marino pero terminó estudiando artillería en la École Militaire, donde **se graduó como teniente segundo con solo 16 años.**

Durante la Revolución Francesa tomó partido por los jacobinos y, una vez proclamada la república, alcanzó un puesto relevante en el ejército, que le llevó a comandar la **invasión de Italia** (1796), las **campañas en Egipto** (1798) y finalmente las llamadas **Guerras Napoleónicas,** cuando ya se había proclamado emperador en la catedral Notre Dame de París (1804) ante el papa Pío VII.

Tras estos éxitos llegaron las derrotas en Rusia y España, y finalmente fue desterrado a la isla de Santa Elena, donde acabó sus días.

A. von Humboldt (1769-1859)

Considerado en su tiempo como uno de los científicos y geógrafos más famosos, fue un firme luchador contra la esclavitud y su pensamiento influyó en personajes como Simón Bolívar o Darwin.

Humboldt nació en una acomodada familia berlinesa y, aunque **desde niño mostró inclinación por la carrera militar**, terminó estudiando en la Escuela de Minas de Freiberg y trabajando en un departamento del gobierno.

En 1796 falleció su madre y Humboldt **decidió ir a recorrer mundo con el fruto de su herencia**, dedicándose a su gran pasión, la investigación geográfica.

La idea inicial de Humboldt era una expedición científica a las Indias Occidentales o a Egipto desde Inglaterra o Francia, pero **ni franceses ni ingleses mostraron interés por sus ideas, por lo que se dirigió entonces a la Corte española**. Allí el rey Carlos IV le concedió permiso para recorrer las colonias españolas con la promesa de que enviaría muestras de flora y fauna para las colecciones reales.

En junio de 1799, Humboldt, **junto al botánico francés Aimé Bonpland,** zarpó de La Coruña a bordo de la fragata Pizarro. **Hicieron una breve parada en la isla de Tenerife, donde ascendió los 3.718 metros del volcán Teide**, y a mediados de julio llegaron a lo que hoy es Venezuela. Su viaje por América Latina se prolongó durante cinco años, en los que visitaron Venezuela, Nueva Granada, Cuba, Ecuador, Perú... recalando al final en Estados Unidos, en donde fue huésped de honor del presidente Thomas Jefferson,

Fruto de estos viajes son treinta volúmenes llenos de anotaciones sobre flora, fauna, geografía, etnología y hasta ideas sociales en las que se muestra en contra de la esclavitud y de las pésimas condiciones en que vivían los indios. Además, esboza **lo que hoy sería considerado como ideas ecologistas.**

Hay casi 300 plantas y más de 100 animales que llevan su nombre, entre ellos el *Spheniscus humboldti*, o pingüino Humboldt. También lleva su nombre una de las corrientes marinas más importantes del Pacífico que bañas las costas peruanas.

Ludwig van Beethoven (1770-1827)

Su temprana sordera no le impidió ser uno de los más importantes compositores de la historia de la música, aunque este hecho lo convirtiese en una persona triste y desencantada.

La infancia de Ludwig van Beethoven no fue feliz. **Su padre, obsesionado con el éxito y la fama que había alcanzado el pequeño Mozart, quiso que su hijo lo igualase y obligaba a Ludwig a ensayar durante horas y horas**. Tal vez por eso falseó también la fecha de su nacimiento haciendo creer que había venido al mundo en 1772, para tratar de que así pareciese más joven.

En realidad, nació en una fría noche de diciembre de 1770 en la ciudad alemana de Bonn, y a pesar de los esfuerzos de su padre, **Beethoven tuvo que dejar pronto la escuela por las penurias que atravesaba su familia**. Beethoven, apadrinado por Neefe, uno de sus maestros, **comenzó a trabajar para ayudar a la economía familiar** como intérprete de viola en la orquesta de la corte del príncipe elector de Colonia, Maximiliano Francisco.

A los 11 años ya había compuesto su primera obra, pero debido a la muerte de su madre y el alcoholismo de su padre tuvo que hacerse cargo de sus hermanos, trabajando como violinista. En

A los 27 años, Beethoven comenzó a mostrar los síntomas de una sordera que ya le acompañaría toda su vida. Aunque él siempre dijo que la dolencia era fruto de una caída, es probable que fuera por una enfermedad de su juventud, como viruela o tifus.

1792 el príncipe elector de Bonn le financió un viaje a Viena para que continuase sus estudios, Y en esa ciudad permanecería el resto de su vida componiendo algunos de los pasajes más bellos de la historia de la música como la **Quinta sinfonía y la Sexta *(Pastoral)*, la obertura Coriolano**, la composición para piano *Para Elisa* o **su Tercera sinfonía**, llamada *Heroica*, dedicada a Napoleón.

Murió de cirrosis, una enfermedad provocada por el alcohol. Según la tradición, **sus últimas palabras fueron «aplaudan amigos, la comedia está terminando».** Al parecer, la verdad es que un editor le regaló a Beethoven 12 botellas de vino y sus últimas palabras fueron: «lástima, lástima, demasiado tarde».

José San Martín (1778-1850)

Sus campañas revolucionarias fueron decisivas para las independencias de Argentina, Chile y Perú, y por ello es reconocido como uno de los Libertadores de América.

José San Martín **nació en Yapeyú, Virreinato del Río de la Plata**, en Argentina, un 25 de febrero de 1778. A los 6 años su familia se trasladó a España y a los 13 ingresó como cadete en el Regimiento de Infantería de Murcia, perteneciente al Ejército español. Dos años después se fue a luchar a Argelia y **cuando las tropas napoleónicas invadieron España, luchó contra los franceses**, participando en las batallas de Bailén y La Albuera.

A los 34 años dio un giro a su vida: regresó a América y se puso **al servicio de la independencia de las Provincias Unidas del Río de la Plata**.

Creó entonces el Regimiento de Granaderos a Caballo, que aún hoy lleva su nombre, y **se enfrentó por primera vez a las tropas leales a la Corona española en la batalla de San Lorenzo,** en la que venció a las tropas realistas.

San Martín logró reunir un gran ejército, conocido como El ejército de los Andes, y con él, y gracias a la estrategia de ir eliminando una

a una las posiciones realistas, **logró acabar con buena parte del sistema colonial en América del Sur,** contribuyendo de forma decisiva a la independencia de Argentina, Chile y Perú; además, también tuvo un papel decisivo en la independencia de Bolivia.

Al final de sus días, las rivalidades políticas le obligaron a **exiliarse a Francia** y allí **murió el 17 de agosto de 1850.** Sus restos fueron repatriados en 1880.

Simón Bolívar (1783-1830)

Está considerado como el personaje histórico más importante que ha producido América Latina, y casi todos los movimientos políticos y sociales lo han reclamado como precursor o fundador.

Bolivar **quedó huérfano muy temprano, pues ambos progenitores murieron de tuberculosis**: el padre cuando Simón aún no había cumplido 2 años y la madre cuando tenía 9.

Dado su delicado estado de salud, su madre lo puso al cuidado de una nodriza, **Hipólita, una esclava de la hacienda San Mateo a la que toda su vida consideró como una segunda madre.**

A los 16 años partió hacia España y se instaló en Madrid para continuar con sus estudios. Durante su permanencia en el viejo continente conoció a María Teresa Rodríguez del Toro, con quien **se casó el 26 de mayo de 1802. Bolívar tenía 19 años y María Teresa 21.**

La pareja volvió a América y allí, **por culpa de paludismo, moriría poco después María Teresa.**

Bolivar, quedó conmocionado por esta muerte y juró no volverse a casar. Se dedicó entonces por entero a la carrera militar. **Su figura está ligada a la liberación de cinco países: Colombia, Venezuela, Ecuador, Perú y Bolivia.**

Colombia, consiguió su independencia con la batalla del puente de Boyacá (1819); **Venezuela en la batalla de Carabobo** (1821); **Ecuador**, con el triunfo de la **batalla de Pichincha** (1822); **Perú**, en las **batallas de Junín** y de **Ayacucho** (1824) y finalmente **Bolivia** logro su independencia con el **Congreso de Chuquisaca** en 1825. Cinco años más tarde moriría, no se sabe si a causa de la tuberculosis que padecía, o envenenado según investigaciones recientes.

Shaka Zulú (1787-1828)

A principios del siglo XIX se inició un proceso que transformó a la pequeña tribu zulú en la nación guerrera más poderosa de África, enfrentándose con éxito al avance del Imperio británico.

Shaka nació en lo que hoy es la provincia de Natal, en el sur de África, en una fecha indeterminada de 1789. **Su madre, Nandi, no estaba casada con su padre, el jefe zulú Senzangakona, y por ello fueron marginados de la tribu**.

Shaka significa en lengua zulú «escarabajo» y eso nos da idea del nivel de desprecio con el que los demás integrantes de la tribu lo trataban.

Además, según las costumbres locales, muchos jefes mataban a los hijos tenidos fuera del matrimonio **para evitar luchas entre hermanos en el futuro, y por eso Nandi huyó con Shaka para alejarlo del peligro.** Otra tribu, los mthethwa, los acogieron y cuando Shaka fue un poco más mayor entró a formar parte como guerrero del batallón de escudos, el cuerpo de élite de los guerreros mthethwa.

Allí aprendió estrategias guerreras y desarrolló otras propias y por eso, **cuando los británicos invadieron sus tierras, Shaka tenía ya una sólida formación militar.**

Los británicos entraron por el cabo de Buena Esperanza y se dirigieron hacia el norte, pensando que su invasión sería un paseo militar, **pero no contaban con que Shaka, al frente de miles de guerreros zulúes** a los que había unido frente al invasor, **les infligiría una de las derrotas más sonadas** de los célebres «casacas rojas» en África: la de la batalla de Isandhlwana, que tuvo lugar el 22 de enero de 1879 y **en la murieron más de mil británicos.**

Shaka siguió enfrentado a los británicos, pero siguiendo la tradición de las luchas familiares murió apuñalado por su propio hermano. **A su muerte, su ejército lo formaban casi 100.000 hombres.**

Shaka llamaba a su táctica de guerra «los cuernos del búfalo», y con ella lograba que sus enemigos se concentrasen en la parte más fuerte de su ejército (la cabeza), mientras por los flancos eran atacados en una maniobra envolvente por un segundo grupo (los cuernos)

Edgar Allan Poe (1809-1849)

Es uno de los escritores estadounidenses más famosos del Romanticismo. Se le considera el creador de la novela detectivesca y destaca por sus relatos cortos de terror y sus novelas góticas.

Poe nunca conoció a sus padres, Elizabeth Arnold Poe, una actriz británica, y David Poe, Jr., un actor que nació en Baltimore. **Su padre dejó a su madre al nacer Edgar, y su madre falleció de tuberculosis cuando él solo tenía dos años.**

El pequeño Edgar **fue adoptado por John Allan,** un acaudalado hombre de negocios de Richmond (Virginia) y Frances, su mujer, que siempre lo quiso. Sin embargo, la relación con su padrastro nunca fue buena.

A la edad de 13 años, Poe era un poeta prolífico, pero su talento literario fue desalentado por el director de su escuela y por el propio John Allan, quien **prefería que Poe lo siguiera en el negocio familiar de plantaciones de tabaco.**

Su padrastro lo envió a la universidad de Virginia y allí alcanzó buena fama como escritor... y como jugador de cartas. **En un momento sus deudas fueron tan altas que debió dejar la universidad y regresó a casa.** Allí tuvo que enfrentarse a otro revés personal: su vecina y prometida, Sarah Elmira Royster, se había comprometido con otra persona. **Con el corazón roto y frustrado, Poe se mudó a Boston.**

En 1827, tras publicar su primer libro, Poe se unió al ejército estadounidense e **ingresó en su más prestigiosa academia: West Point. Sin embargo, fue expulsado un año más tarde.** Comenzó entonces a ejercer de crítico literario y, tras publicar varios libros de poemas, escribió los **cuentos de misterio que le dieron fama, pero no dinero, como *El cuervo, Los crímenes de la calle Morgue* o *El gato negro*.**

Sus últimos días son tan misteriosos como sus obras: **desapareció de Richmond días antes de su boda** y volvió a aparecer en Baltimore casi un mes después delirando. Murió pocos días después.

La causa oficial de la muerte fue «congestión cerebral». Pero su verdadera causa ha sido objeto de especulaciones, con teorías que van desde el alcoholismo a la rabia.

Abraham Lincoln (1809-1865)

Fue el primer presidente estadounidense del partido Republicano y, al abolir la esclavitud, inició una guerra civil con los estados del Sur, que querían seguir imponiéndola.

Nació el 12 de febrero de 1809 en una granja del estado de Kentucky. Sus padres, Thomas y Nancy, eran muy religiosos y lo educaron en la Iglesia bautista pero él no se afilió a ninguna congregación religiosa. **Quedó huérfano de madre a los nueve años. Su padre se volvió a casar y mantuvo una buena relación con su madrastra.**

Su familia era bastante pobre y **el pequeño Abraham no recibió ningún tipo de educación.** Él mismo afirmaba: «**Sabía leer, escribir y contar, y hasta la regla de tres, pero nada más**. Lo que poseo en materia de educación lo he ido recogiendo aquí y allá, bajo las exigencias de la necesidad».

Tuvo que trabajar desde muy niño y a los 16 años fue contratado para conducir por el río Misisipí hasta Nueva Orleans una balsa hecha de troncos de madera cargada de mercancías.

A los 23 años participó como capitán en las guerras indias por la posesión de tierras en los estados del Medio Oeste, como Illinois y Míchigan.

El atentado que acabó con su vida se produjo en el Teatro Ford de Washington el 15 de abril de 1865, a donde había ido con su mujer a ver la comedia musical *Our American Cousin*. John Wilkes Booth, un actor simpatizante del Sur, le mató de un tiro en la cabeza.

Inició su carrera política hacia los 30 años, **y fue uno de los fundadores del partido Republicano en Illinois.**

En 1860 se presentó a las elecciones a la presidencia y las ganó por un estrecho margen. **Durante este mandato proclamó la liberación de los esclavos**, lo que motivó la Guerra Civil, o guerra de Secesión, con los estados del Sur.

Durante la contienda fue reelegido presidente, esta vez por mayoría, pero tras salir vencedor de la guerra de Secesión, **no pudo finalizar su mandato al ser asesinado en 1865,** víctima de un complot confederado, a manos del actor J. W. Booth.

Charles Darwin (1809-1882)

Comparte con Alfred Russel Wallace el honor de haber desarrollado la teoría de la evolución, que explica que la vida no surgió tal como la vemos ahora, sino que las especies han ido evolucionando.

Ya desde la infancia mostró interés, que él consideró innato, por la historia natural, y en especial **por coleccionar todo tipo de objetos como conchas, minerales y hasta monedas.** Según sus propias palabras, el tipo de pasión «que le lleva a uno a convertirse en un naturalista sistemático, en un experto, o en un avaro». Darwin eligió la primera opción y, con el tiempo, sería considerado **uno de los científicos más reputados de su tiempo**.

Su padre y su abuelo fueron médicos, y su progenitor quería que Darwin también lo fuese. **No contaba con que Charles tenía repugnancia a la sangre y por ello decidió seguir la carrera eclesiástica.** Ingresó en 1828 en el Christ's College de Cambridge, en donde se licenció en Teología.

Su vida habría sido la de un apacible sacerdote rural de no haberse cruzado en su camino el capitán Robert Fitzroy, quien le invitó a acompañarle como naturalista en el viaje que se proponía realizar a bordo del Beagle alrededor del mundo. **Sería en este viaje de casi cinco años cuando al comparar especies, como los célebres pinzones que llevan su nombre, Darwin desarrollaría su teoría evolutiva.**

A su retorno, Darwin **se casó con su prima Emma Wedgwood,** que además de darle 10 hijos le animó a dedicarse a sus investigaciones.

Tal como ocurrió con Galileo, pero en este caso por parte de la Iglesia anglicana, dos siglos después de su nacimiento, **la Iglesia de Inglaterra pidió disculpas por haber «malinterpretado» las teorías de Darwin.**

A pesar de las numerosas evidencias fósiles que confirman la teoría evolutiva, aún hay muchos grupos fundamentalistas que la niegan, e incluso en algunas zonas de EE.UU. se estudian las teorías creacionistas.

Louis Pasteur (1822-1895)

Sus descubrimientos científicos, como las vacunas o el sistema para eliminar gérmenes de la leche que lleva su nombre, han salvado millones de vidas.

Louis Pasteur nació en una pequeña localidad del este de Francia en una familia modesta. **Su padre, que había servido en el ejército napoleónico**, recobró al licenciarse su viejo oficio de curtidor, instalándose en la **pequeña población de Arbois, donde pasaría Pasteur su infancia y la mayor parte de su adolescencia.**

El pequeño Louis mostró una habilidad especial para el dibujo y su intención era **haberse dedicado a las Bellas Artes**, pero a su padre ese oficio **le parecía poco serio y lo convenció para que estudiase una carrera científica.**

Pasteur se licenció en Química y durante algunos años trabajó como profesor en las universidades de Dijon y Estrasburgo. En esta última ciudad, en 1849, se casó con Marie Laurent, hija del rector de la universidad. **Con ella tuvo cinco hijos y, a la par que hacía las funciones de madre, colaboraba con Pasteur como su ayudante** y secretaria.

Tras su paso por Lille llegó a la Sorbona de París y allí fue nombrado director de un laboratorio que hoy lleva su nombre, el Instituto Pasteur, en la actualidad una referencia mundial en bacteriología y virología.

Fue allí en donde llevó a cabo sus principales **descubrimientos sobre las vacunas contra la cólera aviar,** el carbunco o **las enfermedades del gusano de seda** y en donde desarrolló la **vacuna para una enfermedad que hasta entonces había sido mortal, la rabia.**

El 28 de septiembre de 1895, a los 72 años, murió, trabajando **en una dependencia del Instituto Pasteur y allí descansa su cuerpo en una cripta construida en su honor.**

En 1868, a los 46 años, sufrió una hemiplejia que le dejó secuelas para el resto de su vida. Perdió la movilidad de la mano izquierda y tenía dificultades para moverse. Ese mismo año fue nombrado comandante de la Legión de Honor, al que seguirían numerosos reconocimientos más.

Julio Verne (1828-1905)

Su portentosa imaginación fue capaz de anticipar descubrimientos como el submarino, el helicóptero, las armas de destrucción masiva, la conquista de los polos y hasta la llegada del hombre a la Luna.

Julio Verne nació en la ciudad francesa de Nantes. Fue el primogénito del matrimonio formado por Pierre Verne, un abogado, y Sophie Allote de la Fuÿe. **A los nueve años, Julio y su hermano Paul, de 8, ingresaron en el instituto Saint Stanislas, en donde demostraron gran interés por el latín, el griego y la geografía.**

Muchos biógrafos han situado en esta época, en el verano de 1939, **a sus once años de edad, una escapada del adolescente Verne en un barco que zarpó hacia la India,** pero se ha comprobado recientemente que **fue una invención** de la primera biógrafa, Marguerite Allotte de la Fuÿe, probablemente para darle un toque de fantasía y espectacularidad a su narración.

A los 19 años Verne ingresó en la Facultad de Derecho y al cumplir los veinte años, mientras estudiaba en París, estalló la Revolución de 1848. **No obstante** el ambiente de agitación, Verne era apolítico y no tomó partido por ninguno de los bandos.

Por esta época, su tío de Châteaubourg lo presentó en los principales salones literarios de la sociedad parisiense y allí conoció al gran Alejandro Dumas, que lo apadrinó.

Decidió entonces dedicarse por entero a la literatura, pero a su padre no le pareció buena idea y le retiró su asignación económica. Pasó entonces por una época de penurias.

Afortunadamente, su primera novela, ***Cinco semanas en globo,*** fue un éxito, y su editor le firmó un contrato que le permitió seguir escribiendo. A este éxito le seguirían ***De la Tierra a la Luna*** (1865), ***Los hijos del capitán Grant*** (1867) y su famosa novela ***Veinte mil leguas de viaje submarino*** (1869), con el capitán Nemo al frente del submarino Nautilus.

El libro *La Vuelta al mundo en 80 días* está basado en el magnate estadounidense George Francis Train, quien intentó la hazaña en un par de ocasiones y en 1890 logró hacerlo en 67 días. Entre libros y artículos, y a lo largo de 40 años, Verne llegó a escribir 80 obras.

Mark Twain (1835-1910)

Su propia vida, llena de aventuras y diferentes ocupaciones, le sirvió de inspiración para crear un conjunto de personajes que han pasado a la historia de la literatura para todas las edades.

Su verdadero nombre era Samuel Langhorne Clemens, pero adoptó el seudónimo de Mark Twain en Nevada en 1863, para firmar sus trabajos periodísticos. **Su seudónimo procede de la expresión que usaban los marineros fluviales del Misisipí para marcar dos brazas de profundidad, medida que representa el calado mínimo para una navegación segura.**

Mark nació en Florida (Misuri), un 30 de noviembre de 1835, pero a los cuatro años de edad, pocos meses después de la muerte de su hermana Margaret, su familia se trasladó a la cercana Hannibal, puerto fluvial en el Misisipí, y allí realizó sus primeros estudios. **La muerte de sus hermanos fue una constante en su infancia, pues solo dos de ellos superaron esa etapa.**

Su padre falleció de neumonía en marzo de 1847, cuando Mark tenía 11 años. **Tuvo que dejar los estudios y ponerse a trabajar como aprendiz de impresor,** llegando a la categoría de tipógrafo en 1851. De esta época son sus primeros escritos.

> «Aléjate de la gente que trata de empequeñecer tus ambiciones. La gente pequeña siempre hace eso, pero la gente realmente grande te hace sentir que tú también puedes ser grande.»
>
> **Mark Twain**

Tras un breve trabajo en el *Hannibal Journal,* periódico propiedad de su hermano mayor, Orion, **Twain comenzó una etapa de viajes constantes por todo el país** ejerciendo como tipógrafo y como periodista ocasional.

También trabajó sin éxito como minero y, tras la guerra de Secesión, se dedicó firmemente a la literatura. **De su mano salieron novelas inolvidables como *Las aventuras de Tom Sawyer* (1876), *El príncipe y el mendigo* (1881), *Vida en el Misisipí* (1883), *Las aventuras de Huckleberry Finn* (1885) o *Un yanqui en la corte del rey Arturo* (1889).** Nació con el paso del cometa Haley a la Tierra y se fue con su retorno 74 años más tarde, tal como él mismo había predicho.

Vincent van Gogh (1853-1890)

Aunque en vida solo fue reconocido por su hermano, y murió en la más absoluta miseria, hoy en día sus cuadros están en los mejores museos del mundo y en las subastas alcanzan cifras fabulosas.

Vincent nació en Groot-Zundert (Países Bajos) un 30 de marzo de 1853 y **recibió ese nombre en homenaje a un hermano fallecido.**

Durante sus primeros años, sus padres lo enviaron a diferentes internados, en donde aprendió francés y alemán. Estudió en el Instituto Hannik hasta los 15 años de edad. **A los 16, comenzó a trabajar como aprendiz en Goupil & Co., una compañía internacional de comercio de arte de La Haya.** Este trabajo le permitió viajar al Reino Unido, donde tuvo un amor no correspondido.

A su regreso a la Haya fue despedido de su trabajo pues **sus gustos artísticos, no concordaban con la filosofía de la empresa.**

Vincent pasó su infancia y parte de la adolescencia en internados. Nos podemos hacer una idea de lo que sentía Vincent durante esos años alejado de su familia por una frase que dejó escrita: «Mi juventud fue triste, fría y estéril.»

Intentó entonces hacerse clérigo como su padre pero fracasó en el intento, por lo que **viajó a Bruselas en 1880 para estudiar dibujo y perspectiva.**

Su hermano, con el que mantuvo una intensa relación epistolar, le ayudó en esta nueva etapa y **le presentó a Pissarro, Seurat y Gauguin,** con el que trabó una gran amistad.

En 1888 viajó con Gauguin a la ciudad francesa de Arles, pero el fuerte carácter de ambos les **llevó a frecuentes discusiones, y en una de ellas Vincent se cortó el lóbulo de la oreja izquierda** y acabó Ingresado en un centro psiquiátrico para una cura de reposo. Tras su salida realizó algunas de sus más célebres obras: *La habitación de Arles* (1889); *Campo de olivos* (1889); *Autorretrato* (1889); *Retrato del doctor Gachet* (1890) o *Campos en Cordeville* (1890). Murió a los 37 años en julio de 1890 y, aunque pintó unos 900 cuadros, solo vendió unos pocos en vida.

Sigmund Freud (1856-1939)

A pesar de que la mayoría de sus teorías han quedado obsoletas, está considerado como el padre del psicoanálisis y una de las mayores figuras intelectuales del siglo xx.

Sigismund Freud, que a los veintidós años habría de cambiar ese nombre por el de Sigmund, nació en Freiberg, en la antigua Moravia (hoy República Checa), el 6 de mayo de 1856. Su padre fue un comerciante en lanas que, en el momento de nacer él, tenía cuarenta y un años y dos hijos habidos en un matrimonio anterior; **el mayor de ellos tenía casi la misma edad que la madre de Freud, veinte años más joven que su esposo,** y era, a su vez, padre de un niño de un año.

El propio Freud diría que **sería precisamente esta complicada situación familiar una de las causas que despertaría su curiosidad** y aguzaría su inteligencia.

En 1859, la crisis económica llevó a la ruina el negocio familiar y al año siguiente la familia se trasladó a Viena en busca de fortuna. **Fue allí donde en 1873, el joven Freud finalizó sus estudios secundarios con excelentes calificaciones y comenzó la carrera de Medicina,** con intención de estudiar psicología.

Albert Einstein envió en una ocasión una carta a Freud preguntándole «¿Por qué la guerra?». Fruto de su respuesta nacieron dos de sus obras: *El porvenir de una ilusión* (1927) y *El malestar en la cultura* (1930).

Finalizada la carrera trabajó en diversos hospitales y como profesor en la universidad. ***La interpretación de los sueños***, publicada en 1899, es su obra más importante y en ella sienta las bases del psicoanálisis, que tiene como objetivo **el tratamiento de las enfermedades mentales.** Se basa en el análisis de los conflictos sexuales inconscientes que se originan en la niñez.

Se casó con Martha Bernays, con la que tuvo seis hijos, la más pequeña de las cuales sería una afamada psicóloga infantil.

Freud era de origen judío y en 1938 fue declarado enemigo del Tercer Reich y **tuvo que huir a Londres.** Sus libros fueron quemados públicamente. Falleció tan solo un año más tarde.

Nikola Tesla (1856-1943)

Tal vez sea una de las mentes más brillantes y menos conocidas de la ciencia. Se le conoce sobre todo por sus numerosas invenciones en el campo del electromagnetismo.

Nikola Tesla era hijo de padres serbios. **Nació en el pueblo de Smiljan, en el Imperio austro-húngaro, actual Croacia**. Su padre fue Milutin Tesla, un sacerdote de la iglesia ortodoxa serbia y su madre, Duka Mandic, un ama de casa que, curiosamente, dedicaba parte de su tiempo como científica autodidacta al desarrollo de pequeños aparatos caseros. **Tal vez esta influencia materna sería la que llevaría a Tesla a estudiar Ingeniería Eléctrica en la Universidad de Graz,** aunque parece que solo completó dos cursos.

En diciembre de 1878 dejó a su familia y se dirigió a Maribor (hoy Eslovenia), donde obtuvo su primer empleo como ayudante de ingeniería. Tras distintos trabajos relacionados con la electrónica por diversas ciudades de Europa en 1882 **se trasladó a París y entró a trabajar en una de las múltiples compañías que el inventor americano Thomas Alva Edison había fundado. Allí concibió el motor de inducción y, poco después, en 1884, se estableció en Estados Unidos.**

Se presentó ante Edison con una carta de recomendación de su jefe que decía textualmente: «conozco a dos grandes hombres, usted es uno de ellos; el otro es este joven». Edison, impresionado ante semejante presentación le contrató de inmediato.

Sin embargo, las desavenencias económicas con Edison le llevaron a fundar su propia compañía en 1886. Este hecho molestó a Edison y **se estableció una competencia entre ambos que duró hasta la muerte de Edison en 1931.**

Tesla desarrolló en esta compañía sus más brillantes proyectos, como el desarrollo industrial de la corriente alterna, **una radio similar a la de Marconi o la bobina Tesla.**

«No creo que haya alguna emoción más intensa para un inventor que ver alguna de sus creaciones funcionando. Esa emoción hace que uno se olvide de comer, de dormir, de todo».

Nikola Tesla

H. G. Wells (1866-1946)

Maestro de las novelas de misterio y de ciencia ficción, muchas de sus obras han sido llevadas al cine con gran éxito como *El hombre invisible, La máquina del tiempo* o *La guerra de los mundos.*

Nació en Bromley (Reino Unido), Fue el tercer hijo varón de Joseph Wells y Sarah Neal. Su familia pertenecía a la clase media y en una época de escasez **sobrevivía como podía gracias a una pequeña tienda de artículos deportivos.**

Como con tantos niños que se convirtieron en grandes hombres, fue un hecho fortuito el que llevó a **Herbert George, que ese es el significado de sus siglas,** a interesarse por la literatura: un accidente infantil en el que se rompió la tibia y su larga convalecencia lo obligaron a permanecer durante meses en reposo. **Con ocho años, llenó el obligado reposo leyendo de forma incansable a autores como Dickens o Washington Irving.**

En su juventud, Wells recibió una beca para poder estudiar Biología en la Normal School of Science de Londres, y de sus enseñanzas científicas obtendría gran parte de la inspiración que nutrió sus novelas.

A lo largo de 50 años escribió más de 80 libros y artículos, destacando sobre todo en el terreno de la ciencia ficción. **En este campo, las obras escritas por Wells son piezas maestras del género** gracias a su interés científico, a la solidez del desarrollo argumental y a la prodigiosa imaginación que vuelca en cada capítulo. Basta como ejemplo la primera de ellas, *La máquina del tiempo,* (1895), en la que el inventor de la máquina puede viajar hacia el pasado o el futuro con un sencillo movimiento de palanca.

La tuberculosis y los problemas de riñón le llevaron a retirarse durante sus últimos años en su finca de Easton Glebe, dedicado a la revisión de sus obras completas. Wells falleció el 13 de agosto de 1946 en Londres.

El domingo 30 de octubre de 1938 (día de Halloween), la radio emitía a las 9 de la noche un comunicado según el cual la Tierra estaba siendo invadida por naves extraterrestres. En realidad era una adaptación de la célebre novela de H.G. Wells *La guerra de los mundos,* narrada por Orson Wells. Se relataba con tal verismo que muchas personas salieron a la calle aterrorizadas.

Albert Einstein (1879-1955)

Probablemente el mejor físico y matemático del siglo xx, es el padre de la Teoría de la Relatividad, que recientemente ha sido demostrada a nivel extragaláctico por astrofísicos ingleses.

Albert nació en Ulm (Alemania), un 14 de marzo de 1879 y **durante su infancia nada hacía presagiar que sería un genio**, más bien todo lo contrario.

Tardó mucho en aprender a andar y no comenzó a hablar hasta los tres años. Sus estudios en el bachillerato no fueron mucho mejores pues parece ser que **solo estudiaba las asignaturas que le gustaban, como la Física o las Matemáticas.**

A los 16 años se matriculó en la Escuela de orientación matemática y científica, con la idea de estudiar física. **Por esa época se enamoró de Mileva Maric, su primera mujer, y en 1900 Mileva y él se graduaron en el Politécnico de Zúrich**. Un año más tarde, con 22 años, solicitó y consiguió la ciudadanía suiza y en enero de 1902 nació su hija,

Liserl, a la que tuvieron que dar en adopción porque no tenían trabajo ni medios económicos.

En 1905 salió a la luz la **Teoría de la relatividad especial,** un libro que cambió la física, en el que incluía la famosa fórmula sobre la relación entre la masa y la energía, que se completaría en 1915-1916 con la **Teoría de la relatividad o relatividad general.** Sus trabajos sobre el efecto fotoeléctrico lo harían merecedor del **Premio Nobel de Física en 1921.**

$e=mc^2$

Tras divorciarse de Mileva, se volvió a casar con una prima suya, Elsa Loewenthal, con la que no tuvo hijos.

Ante el creciente acoso de los nazis a los judíos (Einstein lo era) dejó Alemania en diciembre de 1932 dirigiéndose a Estados Unidos, donde enseñó en el Institute for Advanced Study de Princeton (Nueva Jersey). **Colaboró en el desarrollo de la bomba atómica.** Falleció por un aneurisma en el hospital de Princeton a los 76 años.

"La vida es como andar en bicicleta. Para mantener el equilibrio tienes que seguir siempre adelante."
Albert Einstein

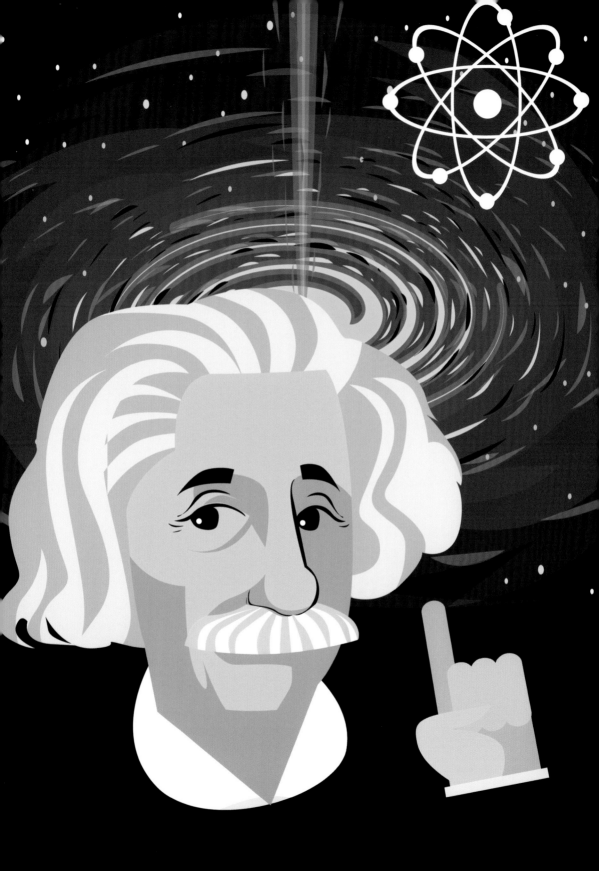

Pablo Picasso (1881-1973)

Picasso ha pasado a la historia por ser el creador de un nuevo movimiento artístico, el cubismo, y uno de los grandes maestros de la pintura del siglo xx.

Picasso fue original hasta para nacer. Parece ser que su madre tuvo problemas a la hora de dar a luz y la comadrona, al ver que el niño no reaccionaba, lo dejó sobre una mesa para atender a la madre. **De no ser por su tío Salvador, que era médico y estaba presente en el parto, Pablo probablemente habría muerto.** Cuando su tío vio que no respiraba le lanzó una bocanada del humo de un puro y, de inmediato, el niño arrancó a llorar.

Picasso fue un artista precoz y con tan solo 9 años pintó su primer cuadro, al que tituló *El picador amarillo*, en el que aparece un picador en una plaza montado en su caballo. Con 13 años, ya aventajaba notablemente con el pincel a su padre, que era artista y profesor en la Escuela de Bellas Artes de Málaga, y quien le inculcó su amor por el arte.

A los 15 años pintó su primer cuadro importante, *La Primera Comunión*, en el que aparecen retratados su madre, María Picasso López, su padre, José Ruiz Blasco, y su hermana Lola arrodillada frente al altar.

Sus inquietudes artísticas lc llevaron a París en 1900, con solo 19 años, en el que sería el primero de sus viajes a Francia hasta que **en 1904 se instaló definitivamente en París**. Allí, junto al artista George Braques, creó uno de los movimientos más revolucionarios del arte de todos los tiempos, el cubismo. De sus pinceles nacerán obras emblemáticas como: ***Las señorita de Avignon***, ***El Guernica*** o ***El sueño***, que es el retrato de Marie-Therese Walter, una de las 7 mujeres que ocuparon su vida y con las que tuvo 4 hijos.

Trabajó incansablemente hasta su muerte, acaecida en Francia a la edad de 91 años.

A pesar de que Francia le ofreció en numerosas ocasiones la nacionalidad, Picasso siempre la rechazó, pero se negó a volver a su país mientras el dictador Franco siguiese vivo. Este le sobrevivió dos años.

Franz Kafka (1883-1924)

Su obra, en especial *La metamorfosis*, señala el inicio de la profunda renovación que experimentó la novela europea en las primeras décadas del siglo xx.

Franz Kafka nació en el seno de una familia de comerciantes judíos, y **la acomodada situación económica que tenía su padre, Hermann Kafka, le costeó una buena formación en uno de los colegios alemanes de Praga.** Concluido el bachillerato (1901), su padre le obligó a cursar estudios de leyes, materia por la que nunca sintió el menor interés, a pesar de lo cual se doctoró en Derecho en 1906.

La pésima relación con **su padre, que apostó por una educación muy severa**, se convirtió en uno de los grandes problemas de su vida, pero también en la base de la mayoría de su producción literaria. En concreto, el trabajo donde se puede apreciar mejor este conflicto es en *Carta al padre* (1919), un relato en el que el escritor le echa en cara su falta de cariño e incluso una actitud abusiva para con él.

Finalizados sus estudios, trabajó en diversos bufetes de abogados y, desde 1908, en una compañía de seguros de Praga. **Esto le dejaba suficiente tiempo libre para dedicarse a sus dos grandes aficiones, la lectura y la escritura.** Cervantes, Dickens y Flaubert fueron sus autores favoritos.

Kafka publicó muy pocos libros en vida y, de haber seguido sus deseos, no se habría conocido la obra de uno de los mejores escritores alemanes del siglo xx. **Ya muy enfermo, hizo prometer a su amigo Max Brod que destruiría todos sus escritos**, pero este, afortunadamente, no cumplió sus deseos.

Su obra más conocida, *La metamorfosis* (1915) narra la vida mediocre del viajante de comercio Gregorio Samsa, que un día al despertar descubre que se ha transformado en un insecto.

> La juventud es feliz porque tiene la capacidad de ver la belleza. Cualquiera que conserve la capacidad de ver la belleza jamás envejece.
>
> F. Kafka

Alexander Fleming (1885-1955)

Aunque su principal descubrimiento fue fruto de un accidente, solo la gran capacidad de observación e intuición de este gran médico escocés permitió que extrajera de él su gran logro: la penicilina.

Alexander Fleming nació el 6 de agosto de 1881 en Lochfield, Gran Bretaña, en el seno de una familia campesina escocesa. **Era el tercero de los cuatro hijos nacidos en el segundo matrimonio de Hugh Fleming, el cual falleció cuando Alexander tenía siete años**, dejando a su viuda al cuidado de la hacienda familiar.

La pobre economía de la familia no daba para muchos lujos y Fleming recibió una educación muy rudimentaria que, sin embargo, parece que le permitió desarrollar **un carácter sencillo y observador.**

Cumplidos los trece años, se trasladó a vivir a Londres con un hermanastro que ejercía allí como médico y a los 20 años recibió una pequeña herencia que le permitió a él también estudiar medicina. **Obtuvo una beca para St. Mary's Hospital Medical School de Paddington, institución con la que, en 1901, inició una relación que había de durar toda su vida.** En 1906 entró a formar parte del equipo del bacteriólogo sir Almroth Wright, con quien estuvo asociado durante cuarenta años.

Fue allí donde un hecho fortuito le llevó a uno de sus principales descubrimientos, la penicilina. En septiembre de 1928, estaba realizando varios experimentos en su laboratorio y el día 22, al inspeccionar sus cultivos antes de destruirlos, **notó que un hongo, común en el pan, el *Penicillium notatum*, había logrado destruir parte de una colonia de bacterias** bastante agresivas, el *Staphylococcus aureus.*

Aunque él reconoció inmediatamente la trascendencia de este hallazgo sus colegas lo subestimaron y **no fue hasta 15 años después cuando la penicilina fue utilizada como antibiótico,** salvando miles de vidas durante la II Guerra Mundial y hasta nuestros días.

La penicilina no fue lo único que descubrió por accidente. También desarrolló la lisocima al observar que unas gotitas de moco de un estornudo caídas sobre una placa mataban las bacterias que contenía. Por sus trabajos recibió el premio Nobel de Medicina en 1945

Charles Chaplin (1889-1977)

Generaciones de niños y no tan niños han reído a carcajadas con las aventuras y desventuras de este genio del humor que con su bigote, su bombín y su bastón lo decía todo sin decir nada.

Nació en Londres a finales del siglo XIX, y como tantos otros niños que luego llegaron a ser grandes hombres, la infancia de Chaplin no fue fácil, pues su padre falleció siendo él muy pequeño y **su madre sufría trastornos mentales, por lo que pasó parte de sus primeros años y su adolescencia en la calle** o acogido en distintos orfanatos.

Debutó en escena con tan solo ocho años de edad y continuó actuando en distintas compañías ambulantes hasta que logró destacar en una de las más célebres de Londres. Sin embargo, la ciudad se le quedó pronto pequeña y **a los 20 años se trasladó a Estados Unidos.**

En la década de 1910, cerca de Los Ángeles, se estaban construyendo los estudios de Hollywood, y Chaplin comprendió pronto que allí estaba su futuro. Creó **el personaje de Charlot,** que aparece por vez primera en *Carreras sofocantes* (1914). Charlot es un personaje extravagante, un vagabundo que viste pantalones de anchas perneras, calza unos zapatos desmesurados, se toca con un bombín, lleva un bastón de bambú y luce un característico bigote. **Es precisamente la sensación de desamparo y su increíble capacidad de gesticulación** (entonces el cine era mudo), **lo que hace que el público se enamore de él.**

A esta primera película siguieron otras muchas como *Tiempos modernos* (1935), una ácida crítica social, o *El gran dictador* (1940), una sátira sobre Hitler y el nazismo.

Se casó varias veces, pero con la última, Oona O'Neil, alcanzó la estabilidad que siempre buscó. Tuvieron 6 hijos.

En total protagonizó (dirigiendo muchas de ellas) 79 películas. **En 1972 recibió el premio Óscar a toda una carrera.**

La llegada del cine sonoro no supuso un problema para Chaplin como había sucedido con otros actores. Su formación en el vodevil le permitió seguir triunfando en películas habladas.

SCENE   TAKE

SOUND:

DIRECT

CAMERA

DATE:

H. P. Lovecraft (1890-1937)

Mezcla de niño prodigio y ser acomplejado, Lovecraft es, junto a Edgar Allan Poe, el padre de la literatura fantástica americana, creador de mundos aterradores llenos de seres espectrales.

Howard Phillips Lovecraft nació en Providence, en el Estado americano de Rhode Island, el 20 de agosto de 1890. A los ocho años quedó huérfano de padre y eso marcaría su existencia, pues **una madre superprotectora le apartó de su entorno, haciendo que el pequeño Howard creciese en solitario creándose un fantasioso mundo propio lleno de seres imaginarios.** Además, su propia madre le decía que era realmente feo y nunca llegaría a nada.

A los dos años ya recitaba poesía, aprendió a leer a los tres años y escribir a los 6. A los cinco años ya había leído una adaptación de la *Ilíada* y otra de *Las mil y una noches.* Pero su género favorito era el policiaco, hasta el extremo de que con 13 años creó una ficticia agencia de detectives a la que puso por nombre el de su ciudad natal.

A los 16 años la muerte de su abuelo le sumió en una gran depresión. Esto, unido al hecho de no poder estudiar Astronomía, por sus dificultades para las matemáticas, le llevó a volcarse en la escritura.

Sus **primeros trabajos** publicados fueron *La tumba* y *El dragón,* en 1922.

La muerte de su madre fue otro gran golpe en su vida. Poco después, en una convención de escritores aficionados conoció a Sonia H. Greene, con la que se casó y mudó a Nueva York. **Ni la ciudad ni el matrimonio le hicieron feliz, y volvió para siempre a Providence.**

De su extensa obra, Lovecraft solo publicó en vida pequeños relatos que enviaba a periódicos y revistas y **no fue hasta después de su muerte cuando un grupo de seguidores lograron reunirlos en forma de libro.** Dos de los más conocidos, que recrean ambientes terroríficos o fantásticos, son *Los mitos de Cthulhu* (c. 1925–1935) y *El caso de Charles Dexter Ward* (1928).

«La emoción más antigua y más intensa de la humanidad es el miedo, y el más antiguo y más intenso de los miedos es el miedo a lo desconocido». **H. P. Lovecraft**

Jorge Luis Borges (1899-1986)

Está considerado uno de los más importantes escritores de la literatura universal del siglo xx, además de un referente en el estudio de la historia de la literatura.

Este poeta, ensayista y escritor argentino nació en Buenos Aires el 24 de agosto de 1899. Su padre, Jorge Guillermo Borges, era abogado y escritor aficionado. Tenía una gran biblioteca en español e inglés, **De su padre heredó el gusto por la filosofía, la literatura y una enfermedad degenerativa de la visión que, pasado el tiempo, le dejaría ciego.**

Su madre fue, tras la muerte de su padre, un personaje fundamental en su vida. Según sus propias palabras: «Para mí siempre ha sido una compañera –sobre todo en los últimos tiempos, cuando me quedé ciego– y una amiga comprensiva y tolerante. Hasta hace muy poco, fue una verdadera secretaria: contestaba mis cartas, me leía, tomaba mi dictado, y también me acompañó en muchos viajes por el interior del país y el extranjero. **Fue ella, aunque tardé en darme cuenta, quien silenciosa y eficazmente estimuló mi carrera literaria».**

Y no lo hizo mal, porque Borges se convirtió junto con Cortázar en un referente de la literatura argentina. Tradujo autores como Virginia Woolf, Henri Michaux o

William Faulkner, escribió obras de poesía como ***Fervor de Buenos Aires*** (1923), prodigiosos cuentos como **Ficciones** (1944) o ***El Aleph*** (1949) y ensayos como ***Historias de la eternidad*** (1936).

El tiempo, los espejos, los laberintos, la fina línea entre la realidad y la impostura... son temas recurrentes de su obra.

Vivió sus últimos años en Suiza, ciego y aislado del mundo, pero lúcido, acompañado de su mujer, María Kodama.

Julio Cortázar (1914-1984)

Se le considera uno de los autores más innovadores y originales de su tiempo, maestro de la novela, la prosa poética y la narración breve, en la que fue un auténtico maestro.

Julio Cortázar nació Bélgica el 26 de agosto de 1914, justo al inicio de la I Guerra Mundial. Era hijo de Julio José Cortázar y María Herminia Descotte. **Su padre era argentino y funcionario de la embajada de Argentina en Bruselas, y eso les permitió, durante la ocupación alemana de Bélgica pasar a vivir a la neutral Suiza.** Cuando tenía 4 años regresaron a Argentina, pasando por Barcelona.

Cortázar fue un niño enfermizo y pasó mucho tiempo en cama, por lo que la lectura fue su gran compañera. Su madre se convirtió en la gran iniciadora de su camino de lector, primero, y de escritor después: **«Mi madre dice que empecé a escribir a los ocho años, con una novela que guarda celosamente a pesar de mis deseos de quemarla».**

Fue la lectura de una obra de Jean Cocteau titulada *Opio, Diario de una desintoxicación*, la que marcaría su futura forma de escribir: **«Sentí que toda una etapa de vida literaria estaba irrevocablemente en el pasado…** desde ese día leí y escribí de manera diferente, ya con otras ambiciones, con otras visiones».

En 1951 publicó **Bestiario**, una colección de ocho relatos que le valieron cierto reconocimiento y al que siguieron obras emblemáticas como *Historia de cronopios y de famas* (1962), *Todos los fuegos el fuego* o **Deshoras** (1982), su último libro de cuentos antes de fallecer en París en 1984.

Capítulo aparte merece **Rayuela** (1963), una de las novelas más interesantes del siglo xx, **obra cumbre del llamado *boom* latinoamericano.**

Salvador Dalí (1904-1989)

Adornado por su icónico bigote, Salvador Dalí siempre estuvo rodeado de polémica, incluso después de su muerte, aunque es innegable que fue un representante del surrealismo a nivel mundial.

Nació el 11 de mayo de 1904 en Figueres (Girona), hijo del notario Salvador Dalí Cusí y Felipa Domènech Ferrés.

Su vocación pictórica nació de forma muy temprana, cuando a los 12 años pasó una temporada en las afueras de Figueres, en la finca el Molí de la Torre, propiedad de la familia Pichot –intelectuales y artistas–, que **poseían una estupenda colección, en la que el pequeño Salvador descubrió el impresionismo.**

Tanto le impresionó que tras su paso por el instituto decidió seguir la carrera de Bellas Artes. Su padre no lo desaprobó, pero puso como condición que la cursara en Madrid, en la escuela de Bellas Artes, para obtener un título de profesor, y Dalí lo aceptó.

En Madrid se alojó en la Residencia de Estudiantes, donde entabló amistad con un grupo de jóvenes que con el tiempo se convertirían en destacadas personalidades intelectuales y artísticas: **Luis Buñuel, Federico García Lorca, Pedro Garfias, Eugenio Montes o Pepín Bello,** entre otros.

Tras varias exposiciones, en 1926 realizó su primer viaje a París, que repitió en 1929 y en donde, **a través de Joan Miró, contactó con el grupo de los surrealistas encabezado por André Breton.**

A partir de este momento fue uno de los adalides del surrealismo y de sus pinceles salieron algunas de las obras más importantes de este género, como *La persistencia de la memoria* (1931); *El rostro de la guerra* (1941) o *La tentación de san Antonio* (1946).

Su figura está íntimamente ligada a la de Gala, su mujer y musa.

En la década de 1960, el pintor se paseaba por el mundo con su inseparable *Babou*, un ocelote que llevaba consigo hasta a los restaurantes. Cuando los comensales expresaban su temor ante el animal salvaje, Dalí les explicaba que solo era un gato normal que él había pintado con un diseño *pop-art*.

Jacques Cousteau (1910-1997)

A bordo de su barco Calypso recorrió los mares para producir documentales que descubrieron al gran público las bellezas del mundo submarino y la necesidad de protegerlas.

Nació el 11 de junio de 1910 en Saint André de Cubzac (Francia), cerca de Burdeos. Su familia tenía una posición acomodada, su padre era abogado y se podían permitir viajar por el mundo. **Con tan solo trece años, el pequeño Jacques ya tenía claro que el cine sería una de sus pasiones y la otra la aviación.**

Se preparó para ser piloto militar, pero **a los 26 años sufrió un grave accidente que le dejó graves secuelas en su movilidad**. Los médicos le aseguraron que sus brazos nunca recuperarían una movilidad completa, pero **Cousteau no se conformó** con ese diagnóstico y, **durante meses, nadaba a diario en el mar hasta que se restableció totalmente.**

Sus conocimientos de fotografía y buceo le llevaron **durante la II Guerra Mundial a trabajar para la marina francesa y allí diseñó la primera cámara de filmación submarina.** A este invento le seguirán otros siempre relacionados con el mar. **En 1943, Cousteau y el ingeniero**

Cousteau se implicó de forma personal en conseguir la renovación del Tratado Antártico, un documento que preservará de la explotación humana esta región virgen hasta el año 2048 y que solo permite la permanencia en ella con fines científicos.

francés Émile Gagnan diseñaron la «escafandra autónoma», que permitió a los buceadores desprenderse de los pesados trajes de buzo y nadar libremente. También diseñó un minisubmarino.

En 1950 transformó un viejo dragaminas en el que sería su nuevo hogar, el Calypso. Con él recorrió todos los mares, **descubriendo para el gran público las maravillas del mundo submarino** y despertando la conciencia ecológica. Estas expediciones se tradujeron en **más de un centenar de documentales, diversos largometrajes y más de cincuenta libros.**

Falleció víctima de una afección respiratoria en 1977 y sus cenizas reposan en su pueblo natal.

Nelson Mandela (1918-2013)

Hay pocos ejemplos de personas que, tras sufrir en sus carnes la cárcel, el desprecio y la tortura, una vez recuperada la libertad y obtenido el poder, no clamen venganza sino reconciliación.

Rolihlahla Mandela nació el 18 de julio de 1918 en un pequeño poblado del Transkei, en la actual provincia oriental del Cabo, en Sudáfrica. **Pertenecía a la etnia xhosa, una de las más poderosas en lo que, entonces, era la colonia británica de la Unión Sudafricana.**

Su padre era un importante jefe tribal que, siguiendo las costumbres locales, tenía varias mujeres y una buena posición social. **Pero un conflicto con un magistrado británico le llevó a perder su cargo, su poder y su riqueza.** La madre de Mandela (la tercera de las esposas) decidió entonces mudarse con sus hijos a Qunu, un pueblo cercano. Allí el pequeño Mandela fue por vez primera a la escuela: tenía 7 años y no hablaba ni una palabra de inglés. **Por esas fechas su madre se convirtió al cristianismo y el pequeño Mandela también fue bautizado, recibiendo el muy británico nombre de Nelson.**

A los 9 años, falleció el padre de Mandela y el jefe del pueblo, Thembu, lo adoptó como un hijo y se encargó de su educación.

> «La pobreza no es natural, es creada por el hombre y puede superarse y erradicarse mediante acciones de los seres humanos. Y erradicar la pobreza no es un acto de caridad, es un acto de justicia.» **Nelson Mandela**

Por aquella época en Sudáfrica reinaba el «apartheid», un sistema que discriminaba a los habitantes de color y les impedía mezclarse con los blancos. **Mandela estudió en Fort Hare, la única universidad para negros que hubo en Sudáfrica hasta 1960.** Allí tomó conciencia de la discriminación racial y comenzó a luchar contra ella desde el Congreso Nacional Africano, un partido entonces ilegal. Fue detenido y condenado a prisión, en donde permaneció 27 años, abanderando desde allí la lucha contra el *apartheid*.

Tras innumerables protestas tanto en su país como en todo el mundo, en 1990 se puso fin al apartheid, convocando las primeras elecciones libres de Sudáfrica. Las ganó el partido de Mandela por amplia mayoría y fue proclamado como **primer presidente negro del país.**

Andy Warhol (1928-1987)

Diseñador, fotógrafo, pintor, cineasta, editor y descubridor de nuevos talentos, pocas son las facetas artísticas del movimiento *pop art* en las que Warhol no participase.

Nació en la ciudad estadounidense de Pittsburgh (Pensilvania), el 6 de agosto de 1928 en una familia de emigrantes eslovacos. Fue el tercero de sus hijos. Tuvo una infancia normal hasta que en tercero de primaria **le diagnosticaron la enfermedad de Sydenham, conocida popularmente como baile de San Vito.** Esta dolencia del sistema nervioso se caracteriza porque el paciente sufre repentinos movimientos que no puede controlar y, **además, en su caso se vio agravada por una serie de decoloraciones cutáneas.**

Por este motivo Warhol **pasó buena parte de su infancia en la cama y allí, rodeado de fotografías de sus actores y actrices favoritos, comenzó a interesarse por el dibujo.** Cuando por fin Warhol pudo recuperar sus estudios, su pelo rubio platino y su tono de piel casi albino llamaban la atención de sus compañeros de clase, lo que provocaba frecuentes burlas. **Esto marcó su carácter, que se volvió muy reservado** y con grandes problemas de autoestima.

Tras superar la escuela secundaria, **estudió diseño pictórico en el Carnegie Institute of Technology, donde se graduó en 1949.** En sus inicios se dedicó al diseño publicitario pero pronto se interesó por **un nuevo arte venido del Reino Unido, el arte pop *(pop art),*** del que llegaría a ser uno de sus máximos exponentes.

En su primera exposición, realizada en 1962, el tema de sus cuadros fueron los **32 tipos de sopa Campbell. En esta primera exposición lo vendió todo por un valor total de 1.000 dólares.** Creó entonces un estudio propio en Nueva York al que bautizó como **The Factory** y del que salieron algunos de sus mejores trabajos, como **el célebre retrato de Marilyn Monroe.**

En junio de 1968 Warhol sufrió un intento de asesinato a manos de Valerie Solanas, una escritora de guiones que no perdonó que Warhol perdiese uno suyo que le había entregado para que lo produjese. De los tres disparos de Solanas uno le alcanzó en el costado y estuvo a punto de matar al artista.

Neil Armstrong (1930-2012)

Con su célebre frase: «Es un pequeño paso para un hombre, pero un ran salto para la humanidad», Armstrong hacía historia al ser el primer ser humano en pisar la Luna.

Neil Alden Armstrong nació el 5 de agosto de 1930 en Wapakoneta, Ohio (Estados Unidos). Hijo de Stephen Koenig Armstrong y Viola Louise Engel. Debido a la profesión de su padre, **la familia cambiaba continuamente de casa y de ciudad y Neil llegó a vivir en más de 20 ciudades distintas.**

Desde muy pequeño se le vio interesado en aprender a pilotar. Compaginaba sus estudios en el instituto con clases de pilotaje de aviones y **tal era su afición que llegó a sacarse el carnet de piloto antes que el de conducir.** En agosto de 1946, con 16 años, pudo cumplir el primero de sus grandes sueños: realizar un vuelo en solitario.

Un año más tarde comenzó sus estudios universitarios como estudiante de Ingeniería Aeronáutica, **pero al ser llamado a filas tuvo que dejar los estudios** e incorporarse al ejército. Participó en la guerra de Corea y **fue galardonado con la Estrella de Oro y la Medalla del Aire antes de**

En el momento en el que Armstrong y Aldrin aterrizaron en la Luna, el módulo lunar disponía de combustible para menos de un minuto de maniobras. Si descender les hubiera llevado tan solo unos segundos más, tendrían que haber abortado la misión.

dejar definitivamente la Armada en el año 1952, a la edad de 22 años.

Tras retomar sus estudios se graduó como ingeniero aeronáutico en 1955 e ingresó en la Nasa en el año 1962.

Su experiencia como piloto fue valorada por la NASA, que lo eligió como comandante de la misión Apolo 11, la primera que llevaría un hombre a la Luna. Neil Armstrong, Buzz Aldrin y Michael Collins partieron de la Tierra el 16 de julio de 1969.

Tras 4 días de viaje y otro más descansando y analizando datos, por fin el **21 de julio del año 1969, Neil Armstrong pisó el suelo lunar** y tras él, 20 minutos más tarde, lo hizo su compañero Aldrin.

Papa Francisco I (1936)

Elegido papa tras la sorpresiva e insólita renuncia de Benedicto XVI, su insistencia en la misericordia, su cercanía con los pobres y los problemas medioambientales han marcado su pontificado.

Jorge Mario Bergoglio, que así se llamaba Francisco I antes de ser nombrado papa, nació el 17 de diciembre de 1936, en el barrio de Flores, uno de los más populares de Buenos Aires (Argentina). **Fue el primogénito de los cinco hijos de Mario José Bergoglio y Regina María Sivor, ambos de ascendencia italiana**. Durante su infancia tuvo una estrecha relación con sus abuelos, especialmente con su abuela Rosa Vasallo, de la que el propio papa ha comentado que ha sido la mujer que mayor influencia ha tenido en su vida.

Realizó sus primeros estudios en el colegio salesiano Wilfrid Barón de los Santos Ángeles, de la localidad de Ramos Mejía y posteriormente **estudió en la Escuela Secundaria Industrial Hipólito Yrigoyen**, en la que se graduó como técnico químico, llegando a trabajar como técnico de seguridad alimentaria.

Fue un religioso de vocación tardía, pues no entró en el seminario hasta los **21 años, momento en el que ingresó en el seminario del barrio Villa Devoto,** en Buenos Aires. Finalizó el noviciado en la Compañía de Jesús, **ordenándose como sacerdote el 13 de diciembre de 1969.**

El 31 de julio de 1973 fue elegido provincial de los jesuitas de Argentina, tarea que desempeñó durante seis años. **Después reanudó el trabajo en el campo universitario y entre 1980 y 1986 fue rector del colegio de San José, además de párroco en San Miguel,** ubicada en el humilde barrio San José, uno de los más pobres de Buenos Aires, en donde tomó conciencia de las dificultades de la clase obrera.

Fue nombrado cardenal en 2001, y **elegido papa tras la renuncia de Benedicto XVI el 13 de marzo de 2013.** Es el primer papa americano e hispano de la historia.

> «Prefiero una Iglesia accidentada, herida y manchada por salir a la calle, antes que una Iglesia enferma por el encierro y la comodidad de aferrarse a las propias seguridades».
>
> **Papa Francisco**

John Lennon (1940-1980)

Junto a Paul McCartney, Ringo Starr y George Harrison formó The Beatles, una de las bandas que revolucionaron el rock en los años 60.

Su nombre completo era John Winston Lennon y **nació en la ciudad inglesa de Liverpool el 9 de octubre de 1940,** durante la II Guerra Mundial. Este comienzo no presagiaba nada bueno y, efectivamente, **nada más nacer el niño, su padre abandonó a la familia y cuando John tenía apenas 4 años su madre se fue a vivir con otro hombre** y dejó a John al cuidado de su hermana Mimi y el esposo de esta, George Smith, quienes no tenían hijos.

Su madre no perdió completamente el contacto con él, **le enseñó a tocar el acordeón y le compró su primera guitarra.** Con este instrumento y con apenas quince años **formó un grupo llamado The Quarrymen**, con el que tocaba en fiestas de su barrio y en el que John cantaba y tocaba la guitarra.

Con diecisiete años, John recibió la terrible noticia de que su madre había muerto atropellada, lo que supuso un trauma que le costó superar. Se agarró al rock como una tabla de salvación para mantener la estabilidad

The Beatles estuvo activo hasta 1970, pero la muerte de su manager Brian Epstein en 1967 y la creciente enemistad entre John y Paul, llevó a la separación del grupo en 1970 y a que cada miembro tomase caminos artísticos distintos.

emocional. **Por esas fechas se habían incorporado al grupo Paul McCartney y Ringo Starr** y John decidió cambiar de nombre al grupo por **The Silver Beatles (Escarabajos plateados), con el que realizaron una gira por Escocia.** De vuelta a Liverpool decidieron acortar el nombre y llamarse simplemente **The Beatles.**

Lennon y Paul compusieron algunas de las más bellas canciones de la música rock de todos los tiempos como *I Want to Hold Your Hand,* (1964); *Yesterday* (1965); *Help* (1965) o *Penny Lane* (1967).

En 1970 se separaron, y John continuó creando grandes éxitos como **Imagine**. Murió asesinado por un fan trastornado a las puertas de su casa el 8 de diciembre de 1980.

Stephen Hawking (1942-2018)

Considerado como una de las mentes más brillantes del siglo xx, su enfermedad degenerativa no le incapacitó para desarrollar teorías sobre las leyes básicas que gobiernan el universo.

Stephen William Hawking nació el 8 de enero 1942 en Oxford, Inglaterra, en plena II Guerra Mundial. Sus padres vivían al norte de Londres pero **Oxford se consideraba un lugar más seguro durante los bombardeos alemanes**.

> «Recuerda mirar a las estrellas y no tus pies. Sé curioso. Aunque la vida puede parecer difícil, siempre hay algo que puedes hacer y tener éxito. Lo importante es que no te rindas.» **Stephen Hawking**

Estudió en St. Albans, pueblo al que se habían trasladado a vivir sus padres tras la guerra, y luego en **la Universidad de Oxford, donde también había estudiado su padre, que era biólogo.**

Este quería que Stephen fuera médico pero su hijo tenía muy claro que quería ser matemático. Como esta carrera no se impartía en Oxford por esas fechas se matriculó en Ciencias Naturales y consiguió una beca. **Terminó especializándose en Cosmología en la universidad de Cambridge**.

Al poco de llegar a Cambridge, en 1962, **los médicos le diagnosticaron esclerosis lateral amiotrófica (ELA), un tipo de enfermedad degenerativa que le haría perder la mayor parte del control neuromuscular**. Su diagnóstico fue atroz... ¡no le daban más de dos años de vida!

A pesar de este pronóstico tan desalentador, Hawking no se rindió y siguió trabajando primero en su tesis doctoral y luego en otros campos de la física teórica. **Cuando no pudo desplazarse por sus propios medios lo hizo en una silla de ruedas motorizada** y cuando dejó de poder hablar, utilizó un sintetizador de voz.

Se especializó en el estudio de los agujeros negros y, junto a Roger Penrose, demostró que **el espacio y el tiempo han de tener un principio en el Big Bang** y un final dentro de agujeros negros.

A pesar de su enfermedad ha tenido una vida plena y ha sido reconocido en todo el mundo. **Murió en 2018 por complicaciones relacionadas con su enfermedad.**

Freddie Mercury (1946-1991)

Cantante, compositor y pianista, fue el líder de Queen, una banda de rock británica que creó un estilo propio que aún cuenta con millones de seguidores.

Su verdadero nombre era Farrokh Bulsara, y **nació un 5 de septiembre de 1946 en la isla de Zanzíbar (Tanzania), antigua colonia británica.**

Aunque vivía en esta isla africana, su familia era parsi. Los parsis son una comunidad procedente de Persia, de religión zoroástrica, que emigró a la India, especialmente a la ciudad de Bombay. Y allí fue enviado Freddie a estudiar junto a su familia paterna a los siete años y de allí saldría uno de **sus nombres artísticos pues sus compañeros, ante la dificultad de pronunciar Farrokh, decidieron llamarle Freddie**. El *Mercury* lo añadiría él años más tarde.

En la India comenzó sus estudios en el colegio St. Peter de Bombay, y años más tarde, ya en Inglaterra, **estudió Arte y Diseño Gráfico en el Ealing College of Art de Londres,** profesiones a las que tenía pensado dedicarse en caso de no triunfar en el mundo de la música.

Pero afortunadamente para sus seguidores su primera banda,

Queen, formada en 1970 en Londres junto al guitarrista Brian May, el batería Roger Taylor y el bajista John Deacon fue un rotundo éxito desde sus comienzos. **Y en este éxito tuvo mucho que ver no solo la calidad de las letras compuestas por Mercury y su formidable voz, sino sus puestas en escena, que eran todo un espectáculo.**

Junto a su banda firmó éxitos como *Bohemian Rhapsody, I Want To Break Free,* o *Don't Stop Me Now,* **pero los excesos de la fama acabaron minando su salud, y contrajo VIH**.

Su última actuación en directo fue junto a Montserrat Caballé en la inauguración de los Juegos Olímpicos de Barcelona en 1992. **Murió seis meses más tarde de una bronconeumonía.**

Freddie adoptó el sobrenombre de Mercuri en 1973 tras grabar *My Fairy King*. En la que canta: «Mother Mercury, look what they've done to me». La canción era especial para él ya que iba dedicada a su madre, por lo que decidió quedarse con Mercury como apellido artístico.

Steve Jobs (1955-2011)

Durante toda su vida innovó, revolucionó el mundo y la forma en que la sociedad concibe a la tecnología, con dispositivos como el iMac, el iPad o toda la gama de teléfonos Iphone.

Jobs nació el 24 de febrero de 1955 en San Francisco, **hijo de Joanne Schieble, por entonces una estudiante de posgrado soltera, y Abdulfattah Jandali, un estudiante originario de Siria**. Ante su complicada situación, Joanne entregó a su hijo en adopción a Clara y Paul Jobs.

Tal vez fuese la conciencia de ser un niño adoptado lo que le hizo ser muy problemático en la escuela, a la que no era raro que llevase serpientes o arañas para aterrorizar a sus compañeros. **Su afición por los ordenadores le surgió en un club en el que los empleados de Hewlett-Packard mostraban a los jóvenes sus nuevos productos.** Fue allí, con 12 años, donde vio el primer ordenador y decidió construirlos.

Comenzó a estudiar electrónica pero lo dejó pronto y **comenzó a trabajar como ayudante ocasional, precisamente en Hewlett-Packard**, Allí conoció a Steve Wozniak, que llegaría a ser su socio en Apple. **Wozniak le propuso construir un pequeño ordenador personal.**

Había presentado la idea a Hewlett-Packard, pero sus jefes la tacharon de ridícula. A Jobs sin embargo le parece una idea fantástica y propuso a Wozniak que se encargara del diseño mientras él lo hacía de las ventas. **Fue así como en 1976 nació Apple Computer Company.**

Con el tiempo, Apple se convirtió en una gran empresa que fabricaba ordenadores personales fáciles de usar y muy resistentes.

Con los años, Jobs fue despedido de su propia empresa, pero lo tuvieron que volver a contratar cuando empezaron a acumular pérdidas.

En 2004 a Jobs se le diagnosticó un cáncer de páncreas que acabaría con su vida el 5 de octubre de 2011, a los 56 años.

Con la indemnización de Apple por su despido compró los estudios Pixar, en donde se dedicó a la realización de películas animadas por ordenador como *Toy Story*, *Buscando a Nemo*, *Cars* o *Monstruos, S.A.*

Mark Zuckerberg (1984)

Junto a Eduardo Saverin, Andrew McCollum, Dustin Moskovitz y Chris Hughes, todos estudiantes en Harvard, creó Facebook, la primera y más exitosa red de comunicación social.

Zuckerberg vino al mundo en 1984 cerca de Nueva York, en el seno de una familia de ascendencia europea y religión judía. Su padre, Edward Zuckerberg, es dentista, y su madre, Karen Kempner, psiquiatra. Su propio padre cuenta que para su consulta, instalada en su casa a las afueras de Nueva York, compró un ordenador al poco de nacer Mark y **él se interesó desde muy pequeño por este tipo de tecnologías, entre las que se encontraba una consola Atari 800.**

Mark aprendió a programar solo con la ayuda de libros, y tras una infancia y adolescencia con buenas notas se trasladó a la universidad de Harvard en 2003. **Ingresó en la fraternidad Alpha Epsilon Pi y allí desarrolló un programa por el que sus compañeros podían acceder a los datos de otros alumnos y una web en la que se podía calificar a sus compañeras según su grado de belleza.** Las autoridades de la Universidad consideraron que Mark había infringido las normas de confidencialidad de la institución y por ello fue amonestado.

La reacción de Mark fue dejar la universidad y seguir desarrollando **la idea de conectar a unas personas con otras a través de un programa de manejo sencillo**, apto para cualquiera.

En 2004 vio la luz Facebook, que actualmente cuenta con más de 2.200 millones de usuarios que muestran a través de las redes su vida cotidiana, aficiones, opiniones...

Con 20 años, Mark revolucionó el mundo de las relaciones sociales. Hoy en día, en la treintena, **es la quinta persona más rica del mundo.**

La otra cara de esta inmensa red social es la utilización para fines comerciales o desconocidos de la inmensidad de datos que proporciona, y su capacidad de expandir noticias falsas.

En 2017, Mark volvió a retomar sus estudios y finalmente se graduó en Ciencias de la Computación, dando el discurso de fin de curso en la Universidad de Harvard, la que unos años antes le había rechazado.

Daniel Radcliffe (1989)

Se hizo famoso dando vida en el cine a Harry Potter, el protagonista de la serie de novelas fantásticas escrita por la autora británica J. K. Rowling,

Radcliffe **es el único hijo** del matrimonio formado por **Alan George Radcliffe**, un agente literario, y **Marcia Jeannine Gresham, agente de casting** que ha trabajado para la BBC.

Desde muy pequeño, Radcliffe quería ser actor y dada la profesión de su madre no lo tuvo difícil. **La primera oportunidad se le presentó a los 9 años** cuando un agente de *casting* amigo de la familia le ofreció hacer una prueba para una adaptación de la BBC de la novela de Dikens **David Copperfield**. Obtuvo el papel y en 1999 Radcliffe dio vida al protagonista en su etapa infantil. En esa misma película **trabajaban también Maggie Smith e Imelda Staunton, la profesora Minerva McGonagall y la bruja Dolores Umbridge en la saga Harry Potter.** Los elogios a su actuación le abrieron las puertas de su primer gran trabajo en la gran pantalla, **el personaje principal de Harry Potter, junto a Emma Watson (Hermione) y Rupert Grint (Ron).**

La primera película de la serie, **Harry Potter y la piedra filosofal,** se estrenó en 2001 y fue un éxito arrollador. **A esta le siguieron siete títulos más**, pues aunque Rowling había escrito solo siete novelas, la última, **Harry Potter y las reliquias de la muerte** se desdobló en dos entregas (2010 y 2011).

Su éxito le convirtió, a los 19 años, en el actor joven más rico del mundo. Cobraba alrededor de 17 millones de euros al año, compartiendo el primer puesto del podio elaborado por la revista Forbes con la actriz y cantante Miley Cyrus.

No le ha pasado lo que a otros niños prodigios de un solo éxito, y tras su paso por Harry Potter el actor se ha profesionalizado en las tablas, **protagonizando varias obras de teatro,** y ha seguido actuando en el cine, en películas, como *Imperium* (2016), o *Jungla* (2017).

Radcliff padece dispraxia, una dolencia que provoca que a algunas personas les cueste más planear y realizar determinados movimientos, a veces tan sencillos como por ejemplo, atarse los zapatos.

ÍNDICE ALFABÉTICO

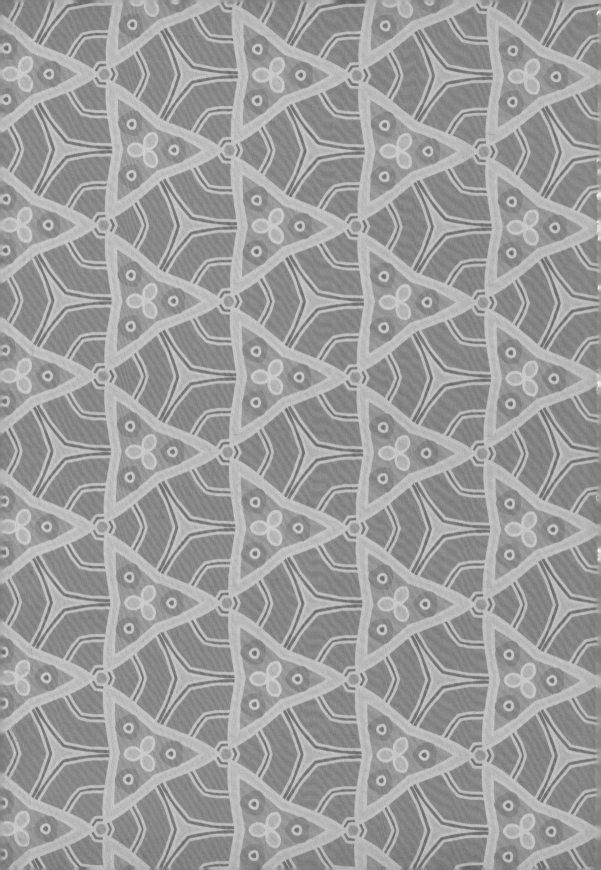